내가 누구인지 뉴턴에게 물었다

내가 누구인지 뉴턴에게 물었다

생生명강 02

물리학으로 나, 우리, 세상을 이해하는 법

김범준 지음 성균관대학교 물리학과 교수

21세기북스

캄캄한 밤하늘의
쏟아지는 별을 본 순간 궁금해졌다.

우리는 이 우주에서 어떤 존재인가?

지구는,
나는 어디에서
출발했을까?

대체 우주는
얼마나
광활한 걸까?

세상은
무엇으로
이루어져 있을까?

그리고 우리는
미래에 어떻게 될까?

답을 찾기 위해 인간은
시간과 공간을, 우리의 몸과 움직임을,
관계와 미래를 탐구하기 시작했다.

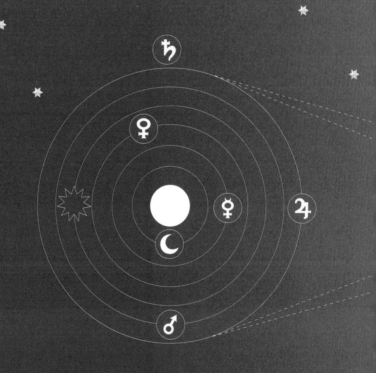

그러자 과학이 말했다.
거대한 세상 속 당신은 무척 특별한 존재라고.

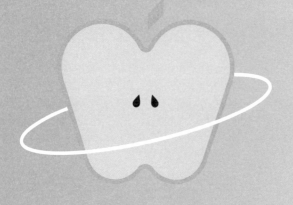

우리 앞에 놓인 과학은
더 이상 차갑고 어려운 것이 아니다.

한 치 앞날까지도 불확실한 세상에서
나라는 존재를 말하고 세계를 해석하는
물리학의 뜨거운 여정이 펼쳐진다.

나도 모르는 나를 찾는 물리학의 여정

138억 년 전 빅뱅과 함께 우리 우주가 시작됐다. 수소와 헬륨 같은 가벼운 원소는 빅뱅 이후 잠시 뒤에 만들어졌다. 우주 여기저기, 우연히 약간 밀도가 높았던 곳으로 물질이 중력에 의해 뭉치기 시작했고, 많은 물질이 모여 안쪽 온도와 압력이 충분히 오른 곳에서 핵융합 반응이 시작됐다. 우주의 암흑을 비추는 태초의 별빛이 탄생했다.

거대한 1세대 별의 내부에서 가벼운 원소가 서로 뭉쳐 무거운 원소로 변하는 핵융합 반응이 계속되었다. 점점 더 무거운 원소를 연쇄적으로 만들어낸 핵융합 반응은 결국 철 원소의 생성에서 멈췄다. 안쪽을 향하는 중력을 내

부의 핵융합이 만든 바깥쪽으로 밀어내는 압력으로 가까
스로 버텨 크기를 유지하던 거대한 별은 중력으로 붕괴하
기 시작했다. 가벼운 바깥쪽 부분의 원소가 중력으로 낙
하하다 안쪽의 무거운 원소로 이루어진 부분에 다시 튕긴
다. 되튕기는 과정의 연쇄로 초신성은 밖을 향해 급격히
폭발한다. 초신성 폭발의 잔해에서 다시 다음 세대의 별
을 이루는 물질이 모이기 시작한다. 우리 태양은 1세대 별
의 손자뻘이다. 태양에서 먼 물질은 각기 또 뭉쳐 지구와
같은 행성이 되었다. 지구는 태초의 별의 후손이다.

멀리서 보면 사소한 작은 점으로 보이는 이곳 지구에
서 생명이 탄생했다. 서로 영향을 주고받는 지구의 뭇 생
명과 환경은 시간이 지나며 함께 변해 점점 더 복잡한 생
명을 만들어냈다. 엔트로피 증가의 법칙에 위배되는 것이
아니었다. 우주 전체의 엔트로피는 끊임없이 늘어도, 우주
한 부분의 엔트로피는 점점 줄어, 우주적 규모의 무질서
안에서 생명의 질서를 만들어냈다. 태초의 물질이 뭉쳐 질
서를 이루고, 진화의 과정을 거쳐 우리 인간이 출현했다.

138억 년의 역사를 넘어 더 먼 미래를 향하다

우주의 티끌이 만들어낸 티끌 같은 존재인 인간이 눈을

들어 밤하늘을 본다. 반짝이는 별로 가득한 밤하늘은 정말 아름답다. 우리 인간이 탄생한 고향인 밤하늘을 올려다보며 우리 모두는 그리움을 느낀다. 밤하늘 아름다움은 고향을 그리는 향수鄉愁다. 시간이 흘러 티끌처럼 사소한 인간의 이성이 모여 과학이 되었다. 티끌로 이루어진 티끌 같은 인간이 티끌 같은 이성으로 자신이 이 거대한 우주에서 어떤 티끌인지를 이해하게 되었다. 빅뱅에서 탄생한 물질이 모인 우리가 스스로를 이해하기까지 138억 년의 긴 여정이 필요했다.

다시 밤하늘을 본다. 광막한 우주 안 다른 곳과 비교해 특별할 것 하나 없는 이 작디 작은 한구석에서, 기나긴 우주의 나이에 비하면 순간의 시간을 존재하다 우리 모두는 소멸한다. 인간은 정말 사소해 보인다. 하지만, 우리가 아는 한 우리는 우주에서 유일한 지적 존재다. 우주가 얼마나 거대한지, 우주에 비해 우리는 얼마나 사소한지를 스스로의 티끌 같은 이성으로 깨달은 소중한 존재다. 우주와 나의 이해에 이른 긴 여정은 이성을 가진 존재라면 꼭 걸어야 할 지적 책무일지 모른다.

우리 바깥 공간의 대부분은 허공이다. 광막하게 펼쳐진 우주에서 별과 행성은 정말 소중한 존재다. 우리 몸을 이루는 원자도 텅텅 비어 있다. 원자핵의 크기를 태양으로 확대하면 전자까지의 거리는 명왕성 거리보다 훨씬 더 멀다. 그 사이에는 아무것도 없다. 우리 밖도 허공이지만, 우리 안도 허공이다. 우리는 두 허공 사이에 자리 잡은 아슬아슬한 존재다. 안팎이 모두 허공인 두 사람이 만난다. 두 티끌의 만남은 광막한 우주에서 일어날 확률이 거의 없는 천문학적 규모의 우연이다. 모든 만남은 우연이지만, 돌이켜보면 소중한 인연이다. 인연의 소중함은 우연의 확률에 반비례한다.

빅뱅으로 탄생한 티끌이 모여 티끌같이 사소한 인간이 되었다. 이제 인간은 과학의 도움으로 스스로를 이해하는 여정을 이어가고 있다. 앞이 안개에 가려 잘 보이지 않아 막막하지만, 그래도 아름다운 여정이다. 나의 이해에 이른 138억 년이라는 긴 여정은 앞으로도 계속 이어진다. 이 멋진 여정에 모두가 함께하기를 바란다. 더 이해할수록 더 아름다운, 지루할 틈 없는 아름다운 길이다.

2021년 3월
김범준

차 례

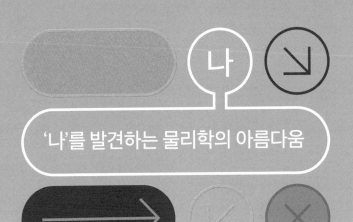

나

'나'를 발견하는 물리학의 아름다움

이 광대한 우주에서
'나'라는 존재는 어떤 의미일까?
나를 이해하려는
인간의 여정은
결국 우주로 이어진다.

거대한 우주 속에서 나를 발견하는 시간

달도 보이지 않는 칠흑 같은 여름밤, 함께 놀러 간 친구들과 수박 서리를 하러 나갔던 추억이 있다. 그때 캄캄한 어둠에 적응한 눈으로 올려다본 밤하늘을 잊지 못한다. 사람이 만들어낸 도시의 인공 빛이 없는 세상의 풍경은 무척이나 낯선 모습이었다. 달이 뜨지 않을 때의 칠흑같은 밤이 얼마나 어두운지 직접 눈과 몸으로 겪었다. 그리고 그날 밤 내 머리 위로 쏟아져 내릴 것만 같았던 수많은 별빛을 지금도 기억한다. 하늘을 가로지르는 은하수는 정말 흐르는 별빛 강물로 보였다.

별이 총총한 밤하늘을 보면 우리는 자연스럽게 묻게

된다. 이 광대한 우주에서 '나'라는 존재는 어떤 의미일까? '나'를 이해하는 방법을 간단히 둘로 나눠볼 수 있다. 나의 내면을 곰곰이 살피는 것, 그리고 나를 둘러싼 바깥을 둘러보는 방법이다. 결국 '나'를 이해하려는 여정은 우주로 이어진다.

우리가 살고 있는 지구는 태양계의 한 행성이다. 태양은 '우리은하Milky Way Galaxy'에 속해 있는 항성이다. 순우리말로 '붙박이별'이라고도 하는 항성恒星, fixed star은 천구의 제자리에 '항상' 딱 붙박여 있어서, 우리 눈에 천구와 함께 회전하는 것처럼 보이는 별이라는 의미를 담고 있다. 물론 천구는 실제로는 없다. 과거 천동설의 흔적이 남아 있는 단어다. 항상 제자리에 붙박여 있다는 뜻 말고, '항상' 스스로 빛을 내는 별로 기억하면 정확하다. 행성, 혜성, 위성 같은 다른 천체의 이름에도 '별 성星' 자가 들어 있지만, 이들과 달리 항성은 스스로 빛을 낸다. 행성, 혜성, 위성은 밤하늘에서 빛나지만, 이들은 태양이라는 별의 빛을 반사할 뿐이다. 밤하늘의 별은 스스로 빛난다.

우리은하 안에는 우리가 매일 보는 태양 같은 별이 수천억 개가 있다. 관측하기 어려운 별도 많아 정확한 수를 알기는 어렵지만, 1,000억 개보다는 많고 1조 개보다는 적다는 것이 천문학자들의 공통된 의견이다. 현재는 약 4,000억 개 정도로 추산하고 있다.

우리은하는 우주 안의 다른 은하와 비교해서 그리 특별할 것이 없다. 우주의 은하 중에는 적게는 1,000만 개 정도의 항성을 가진 것부터, 많게는 100조 개 정도의 항성을 가진 것도 있다. 우주 안에는 우리은하처럼 수천억 개의 별이 있는 은하가 또 수천억 개가 있다. 전에는 1,000억 개 정도로 추산했지만, 요즘 천문학에서는 2,000억 개 정도의 은하가 우주 안에 있는 것으로 본다.

이처럼 거대한 세상에 속해 있는 하나의 작은 행성에서 우리가 살고 있다. 지구에 78억 명이나 살고 있다고 해도 이는 우주에 있는 별의 수에 턱없이 못 미친다. 우주에 있는 수천억에 수천억을 곱한 별의 수는 우리가 가늠하기 어려울 정도로 큰 숫자다.

셀 수 없이 많은 별이 있는 우주는 얼마나 클까? 천문학적 규모의 엄청난 거리를 잴 때는 빛이 이동한 거리를 이용한다. 가장 널리 쓰이는 거리의 단위가 바로 1광년이다. 1광년은 빛이 진공 안에서 1년 동안 진행한 거리를 말한다. 1광년이 얼마나 먼 거리인지 알려면, 먼저 빛의 속도를 알아야 한다.

갈릴레이 갈릴레오도 빛의 속도를 측정하는 실험을 했다. 갈릴레오와 실험 조수는 램프를 하나씩 들고 각각 다른 산에 올랐다. 갈릴레오가 자신이 들고 있는 램프의 뚜껑을 여닫아 불빛으로 신호를 보내면, 먼 산의 조수가 그 신호를 보고 자기가 들고 있는 램프의 뚜껑을 여닫아 다시 갈릴레오에게 신호를 보냈다. 갈릴레오는 자신이 신호를 보내고 다시 조수의 신호를 받을 때까지의 시간을 측정하면 두 산 사이의 거리를 이용해 빛의 속도를 구할 수 있다고 생각했다.

물론 신호를 눈으로 인식해 손으로 뚜껑을 여닫는 데도 시간이 걸린다. 갈릴레오는 이 시간은 변할 리가 없다는 합리적인 가정을 하고는, 조수와 자신 사이의 거리를 달리하면서 실험을 반복해 빛의 속도를 재려 했다. 그러나 빛의 속도가 이러한 방법으로는 도저히 잴 수 없을 정도로 빨라, 무한대에 가깝다는 결론을 얻었다. 아무리 갈릴레오와 조수가 멀리 떨어진다고 해도, 이 방법으로는 도저히 잴 수 없을 정도로 빛은 빠르게 움직인다.

이후 정교하고 흥미로운 방식의 측정법을 거쳐 19세기 중반에 들어서는 거의 정확한 빛의 속도를 알아냈다. 빛은 1초에 약 30만km를 움직인다. 갈릴레오의 실험방법 자체가 아무런 근거가 없는 것은 아니었다. 아마도 조수와의 거리가 30만km 정도였다면, 갈릴레오는 빛의 속도를 측정할 수도 있었다. 다만 지구 위에서 30만km 떨어진 두 산을 찾을 수 없다는 것이 문제다.

초속 약 30만km면 1초에 지구를 일곱 바퀴 반을 돌 수 있는 속도다. TV나 휴대전화, 인터넷 등 빛과 같은 속도인 전자기파를 이용한 통신을 이용해 우리가 지구 어디서나 거의 실시간으로 정보를 주고받는다는 것을 생각하면 빛이 얼마나 빠른지 짐작할 수 있다. 예를 들어, 우리나라 육상 교통에서 가장 빠르게 움직이는 KTX 기차는 시속 약 300km 정도로 움직이니 1초에 약 80m 정도를 움직이는 셈이다. 서울에서 KTX를 타고 약 2시간이 걸려 부산까지 가는 동안, 같은 시간 서울에서 출발한 빛은 태양계의 토성을 훌쩍 넘은 거리를 지나고 있는 것이다. 이렇게 빠른 빛이 1년이라는 시간을 움직인 거리인 1광년은 정말 먼 거리다.

우리은하의 중심에서 태양까지의 거리는 3만 광년 정도다. 빛의 속도로 움직여도 무려 3만 년이라는 긴 시간이 걸리는 거리다. 밤하늘 은하수 별 하나의 빛은 무려 3만 년 전쯤 우리은하의 중심 부근에서 출발한 것일 수 있다. 지금으로부터 3만 년 전이면, 호모사피엔스가 아프리카에서 출발해 유럽을 거쳐 아시아에 도달할 때쯤이다. 단군이 고조선을 건국하기 훨씬 전이다. 우리가 방금 본 별빛은 호모사피엔스가 한반도에 도착할 때쯤 은하의 중심에서 출발한 빛인 것이다. 우리은하는 그 정도로 크다.

우리은하에서 가까운 은하로는 안드로메다은하 Andromeda Galaxy가 있다. 안드로메다은하는 상당히 커서 맨눈으로도 구름처럼 뿌연 모습으로 볼 수 있을 정도다. 이 은하는 지구로부터 250만 광년 떨어져 있다. 지금 안드로메다은하의 빛을 보고 있다면, 그건 250만 년 전에 출발한 빛이다. 오스트랄로피테쿠스가 아프리카에서 살던 무렵에 출발한 빛을 지금 보고 있는 셈이다.

안드로메다은하 사진을 본 적이 있는가? 정말 멋진 모습이다. 안드로메다은하의 많은 별이 놓여 있는 은하면(원반 모양으로 은하 질량의 대부분을 차지하는 평면)은 우리가 보는 시선 기준으로는 약간 기울어 있어 안드로메다은하의 모습은 우리 눈에 타원 모양으로 보인다. 만약 은하면이 우리의 시선과 같은 방향에 놓인다면 은하는 가는 직선인 선분처럼 보이고, 수직으로 놓인다면 원에 가까운 타원으로 보인다. 안드로메다은하의 직경이 20만 광년이 넘는다는 것을 생각하면, 안드로메다은하에서 우리에게

우리 눈에 타원 모양으로 보이는 안드로메다은하

가까운 쪽의 별빛은 먼 쪽의 별빛보다 우리 눈에 몇 만 년 일찍 도착하는 셈이다.

사진에서 보는 안드로메다은하의 모습은 전체를 한순간에 찍은 스냅사진이 아니다. 우리는 한순간 정지한 은하 사진을 찍지 못한다. 안드로메다은하뿐 아니라 지구에서 보는 모든 은하가 마찬가지다. 사진으로 보는 안드로메다은하의 수많은 별 중, 우리에게 먼 별의 빛이 훨씬 더 과거에 출발한 빛이기 때문이다. 우주 어느 방향으로 사진을 찍어도 보이는 모습은 같은 시간의 모습이 아니다.

먼 천체일수록 더 과거의 모습이다. 사진 속 안드로메다 은하의 별빛은 모두 다른 시간의 별빛이다. 찰칵 찍은 사진 한 장에 수많은 시간이 함께 존재한다.

시간과 공간의 틀로 나를 본다면

인간은 존재의 기원에 관심이 많다. 많은 민족이 어떻게 세상이 처음 시작했는지를 설명하는 고유한 창조 신화를 가진 이유다. 각각의 신화들은 현재의 자랑스러운 모습이 언제, 그리고 어떻게 시작되었는지를 나름 설명한다. 우리 각자가 매년 태어난 날을 기념해 축하하는 이유이기도 하다. 지금 이 순간 숨 쉬며 살아가는 나의 기원은 내가 태어난 날이다. 그렇다면, 나는 과연 언제 어떻게 시작되었을까?

나의 처음을 찾는 여정은 부모와 조상을 거쳐 결국은 호모사피엔스의 기원으로 이어진다. 인류의 탄생이 존재의 기원을 찾는 여정의 종착점은 물론 아니다. 인류의 탄생은 생명의 탄생으로부터 비롯했고, 그 여정을 이어가면 지구와 태양계의 탄생을 거쳐, 저 먼 과거 우주의 탄생에 닿는다. 결국 우주의 탄생이 모든 존재의 시원始原이다. 모든 존재는 우주와 동갑이다. 단순한 비유가 아니다. 나의 몸을 이루는 입자의 근원을 거슬러 오르면 우주의 처음에 닿는다. 내 몸을 이루는 물질의 나이는 우주의 나이와 같다.

우리은하의 중심에서 3만 광년 떨어진 곳에 태양이 있다. 태양이 우리은하의 중심을 빙 둘러 360도 한 번 도는 데 걸리는 시간은 2억 3,000만 년으로 무척 길다. 티라노사우루스가 지구 위를 걸었던 백악기 후기부터 지금까지 태양은 우리은하의 공전궤도를 약 4분의 1만 돌았을 뿐이다. 그리고 태양은 지구와 다른 여러 행성을 거느리고 우리은하의 중심을 기준으로 공전운동을 하는 태양계의 우두머리다. 태양을 중심으로 지구가 공전하는 주기를 잰 시간이 바로 지구의 1년이다.

우리은하의 중심을 태양이라고 생각하고 우리은하의 중심을 공전하는 태양을 지구라고 생각해, 태양이 우리은하의 중심을 한 바퀴 도는 2억 3,000만 년을 우리은하의 1년으로 비유해보자. 우리은하의 별들은 우주가 탄생한 이후 우리은하의 중심을 생각만큼 많이 공전하지는 못했다. 우리은하가 한 번 회전하는 시간을 한 살로 생각하면 우리은하의 나이는 55세 정도다. 지구의 1년에 비유하면

이 글을 쓰고 있는 지금의 내 나이와 비슷하다. 또 지금 우리가 살고 있는 시점을 다음 해로 넘어가는 순간인 12월 31일 24시라고 하면, 단군이 고조선을 건국한 것은 12월 31일 밤 11시 50분쯤이다. 우리 각자는 우리은하의 1년 중 10초쯤 살다가 소멸하는 존재다.

지구의 1년을 기준으로 하면, 우주는 138억 살이다. 나이도 많지만, 크기도 정말 크다. 관측 가능한 우주의 반지름은 약 465억 광년이다. 빛이 우주의 나이인 138억 년 동안 움직이면 그 거리는 138억 광년이다. 우주의 반지름이 빛이 이동한 거리인 138억 광년보다 더 클 수 있냐고, 반지름이 465억 광년이라는 우주의 크기가 말이 되지 않는다고 생각했다면 아주 중요한 질문을 던진 셈이다. 우주가 태어난 이후, 우주의 시공간도 함께 커져왔기 때문에 138억 년의 시간이 지나서 465억 광년의 크기를 가질 수 있게 되었다. 하루에 100리를 달리는 말이 있고, 말이 딛는 땅 자체가 하루에 9배 늘어 100리가 900리가 된다면, 이 말은 결국 하루에 1,000리를 달리는 천리마가 되는 것과 마찬가지다. 공간 자체가 늘어났기 때문에 빛이 이동한 138억 광년보다 훨씬 큰 우주가 생긴 것이다.

이를 문학적으로 표현한 칼 세이건Carl Sagan의 책 『코스모스Cosmos』의 헌정사는 매우 인상적이다. "광막한 공간과 영겁의 시간 속에서 행성 하나와 찰나의 순간을 앤과 공유할 수 있었음은 나에게는 커다란 기쁨이었다." 465억 광년이라는 엄청난 공간의 규모와 이 작은 지구의 크기를 비교하고, 138억 년이라는 엄청난 시간의 규모와 길어야 100년을 사는 사람의 인생을 비교해보자. 그렇게 엄청난 크기와 시간의 길이를 생각하면, 지구라는 행성에서 한 시대를 함께 살아가는 우리 모두가 만나는 사건은 천문학적 규모의 놀라운 우연이다. 지금 누군가가 이 글을 읽고 있다는 것도 일어날 수 없을 정도로 작은 확률의 매우 우연한 사건이다. 이 엄청난 크기의 우주 안 작은 행성에서 우리는 함께 살고 있다. 게다가 같은 말을 쓰는 한 나라 안에서 같은 시간을 살고 있다. 우주 시공간의 엄청난 규모를 떠올리면 모든 우연한 만남은 거의 확률이 0인 사건이다. 도대체 일어날 것 같지 않은 일이 일어난 것이다. 모든 만남은 정말 소중한 천문학적인 사건이다.

우주가 태어나지 않았다면 지금 이곳에 인간은 존재하지 않았을 것이다. 그러나 거꾸로 우주의 입장에서 생각해볼 수도 있지 않을까? 우주의 소중함을 알아줄 우리 인간이 없다면 우주가 아쉽고 서운해하지는 않을까? 어쩌면 인간이 우주를 이해해주기를 우주가 원했던 건 아닐까? 우리에게 우주가 소중하듯이 우주에게도 우리가 소중한 것은 아닐까? 우주에 대한 지적인 이해는 오랜 진화의 과정에서 이성을 갖춰 과학을 발전시킨 인간이 짊어진 일종의 책무일지 모른다.

인간과 자연을 바라보는 과학의 시선

오랜 인간의 역사에서 우리의 선조들은 다양한 방식으로 인간을 둘러싼 우주를 이해하려는 노력을 이어왔다. 아주 오래전 우리 눈에 보이는 현상이 우리 눈에 보이지 않는 초자연적 존재 때문이라는 생각이 먼저 등장했다. 하지만 결국 인간은 자연 현상의 원인을 자연 내부에서 찾고자 하는 과학적 사고방식의 길을 찾았다. 원래 그렇게 일어나는 것이 당연했던 세상이, 이제는 인간이 노력하면 그 이유를 알아낼 수 있는 세상으로 변한 셈이다.

우주를 탐구하는 우리도 우주의 일부다. 우리를 구성하는 원소는 모두 우주에서 비롯됐기 때문이다. 오래전 떠나온 고향을 그리워하듯이, 우주에서 비롯한 존재인 인간이 우주를 이해하려는 마음은 당연하다. 우주가 탄생하지 않았다면, 그리고 지구가 형성되지 않았다면, 우리 인간은 존재할 수 없었다. 따라서 우주와 자연을 탐구하는 것은 결국 인간이라는 존재를 이해하는 길이기도 하다. 무언가를 제대로 보려면 가장 좋은 방법은 밖에서 보는 것이다. 밖에서 보면 더 잘 볼 수 있기 때문이다.

하지만 인간이 우주를 이해하려 할 때, 바깥은 없다. 우주는 서로 상호작용해 영향을 주고받는 모든 것의 전체 집합이기 때문이다. 우주를 밖에서 볼 수는 없으니 우리도 일부인 우주의 안에서 우주를 이해해야 한다. 그래서 쉽지 않은 길이다.

근래에 인간의 역사를 우주 역사의 한 부분으로 보아 전체를 통일된 관점에서 넓은 시야로 바라보는 학문적 움직임이 생겨났다. 바로 '빅 히스토리Big History'다. 빅 히스토리는 우주의 탄생을 인간을 이해하기 위한 출발점으로 삼는다. 빅뱅 이후에 어떻게 물질이 생겨났는지, 지구가 어떻게 형성됐는지, 지구에서 어떻게 생명이 출현하고 진화의 과정을 거쳤는지, 그 과정에서 인간이 어떻게 탄생했는지, 그리고 인간이 역사와 사회를 어떻게 만들어왔는지까지 우주 전체의 역사 속에서 인간의 역사를 이해하고자 하는 것이 빅 히스토리의 관점이다.

'우주는 도대체 언제 생겼을까? 우주는 얼마나 큰 걸까?' 인류의 지적인 탐구의 역사에서 이러한 질문은 처음에는 과학이 아니라 철학의 질문이었다. 과학이 발달하면서 이제는 많은 부분이 과학의 영역에 속하는 질문이 되었을 뿐이다.

인문학적인 접근과 과학적인 접근은 방법이 다를 뿐서로 모순되거나 충돌하지 않는다. 어느 쪽이 옳다 그르다 주장할 수 없다. 오히려 양쪽의 시선은 각자가 보지 못하는 면을 밝혀주어 인간에 대한 이해를 더 깊고 풍성하게 할 수 있도록 한다. 즉 두 가지 관점은 '상보적'이다. 우리나라의 역사는 주변 동아시아의 역사와 함께 살피면 더 풍성하게 이해할 수 있다. 과학적 접근과 인문학적 접근도 마찬가지라고 생각한다. 인문학적 이해는 과학적인 이해에 도움이 되고, 과학도 인문학에 큰 도움을 줄 수 있다고 믿는다.

모든 신비를 법칙과 선으로 점령한다.
음침한 공기와, 동굴 속 도깨비를 몰아내버렸다.
무지개를 풀어헤쳐서…

존 키츠John Keats의 장편 시 「라미아Lamia」에서 '철학'은 과학을 의미한다. 이 시는 과학자들이 무지개를 분석적인 시선으로 풀어헤쳐서 무지개 본연의 아름다움을 훼손시켰다는 비판을 담고 있다. '법칙과 선으로 점령한다'라는 구절이 인상적이다. 원어 그대로 보면 "Conquer all mysteries by rule and line"인데, 'rule'은 규칙이라는 뜻도 있지만, 길이를 재는 '자'의 뜻도 있다. 이 부분을 직역하면 '자와 선분으로 모든 신비를 정복해버린다'라는 뜻에 가깝다. 대상의 길이를 재려고 자를 대는 행위를 자연을 이해하기 위해 과학이 법칙을 적용하는 것으로 비유한 표현이다. 결국, 시를 통해 자연의 아름다움이 과학자들에 의해 훼손되었다는 일종의 비판을 한 것이다.

한편 윌리엄 블레이크William Blake의 작품 「태고의 날들The Ancient of Days」과 「뉴턴」에서는 각 작품의 인물이 모두 컴퍼스를 들고 있다. 인류의 오랜 역사 동안 많은 과학자는 완벽한 기하학적인 원리를 이용해서 신이 우주를 창조했다고 믿었다. 「태고의 날들」에 담긴, 컴퍼스를 든 신의 모습에 그런 이미지가 담겨 있다.

고대 그리스 철학자 아리스토텔레스도 '모든 천상의 천체는 완벽한 원운동을 하며, 흙으로 구성된 지구의 가

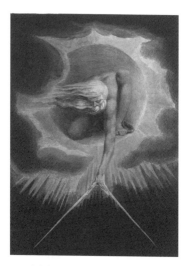

윌리엄 블레이크, 「태고의 날들」, 1794

장 자연스러운 모습은 완벽히 둥근 구'라는 세계관을 가지고 있었다. 원을 그리는 도구가 바로 컴퍼스라는 것을 떠올리면, 블레이크의 작품 「태고의 날들」은 신이 컴퍼스로 지구와 천체의 원 궤도를 디자인해 우주를 창조하는 순간을 묘사한다고 할 수 있다.

내가 처음 블레이크의 「뉴턴」을 보았을 때, 신이 컴퍼스를 이용해 우주를 창조한 모습과 마찬가지로 기하학을 이용해 우주를 이해하려는 이성적 인간을 아이작 뉴턴의

윌리엄 블레이크, 「뉴턴」, 1795

모습으로 멋지게 표현했다고 생각했다. 컴퍼스를 매개로
신이 완벽한 기하학적 원리에 바탕을 두고 창조한 우주와
우주를 이해하려는 인간이 서로 이어지는 느낌이었다. 그
런데 사실 블레이크는 과학에 반감을 가진 화가였다. 그
가 자신의 다른 작품 「라오콘Laocoon」에 남긴 "예술은 생명
의 나무다. 과학은 죽음의 나무다"라는 글귀에서 과학에
대한 그의 반감을 명확히 볼 수 있다. 사실 「태고의 날들」
에 묘사된 신도 전통적인 기독교의 신이 아니다. 블레이

크가 영어 "Your Reason"과 비슷한 발음으로 생각한 유리
즌Urizen이라는 신이다. 블레이크는 유리즌을 일종의 사악
한 신으로 보았다.

블레이크의 「뉴턴」을 보면 한 남성이 컴컴한 바닷속
조류가 덕지덕지 붙어 있는 바위에 앉아 있다. 이제 바닥
에 놓인 종이를 바라보는 뉴턴의 시선에 주목해보자. 「태
고의 날들」에서 신이 창조한 우주는 뉴턴이 바라보는 아
래 방향이 아닌 저 위에 있다. 컴컴한 바닷속 밑바닥에서
아래를 내려다보는 뉴턴은 바닥에 놓인 종이만 바라보고
있다.

신이 창조한 우주는 뉴턴이 들고 있는 컴퍼스만을 가
지고는 결코 이해할 수 없다는 블레이크의 신념이 담긴
그림이 바로 「뉴턴」이다. 앞서 소개한 존 키츠의 시 「라미
아」에 담긴 과학에 대한 비판이 블레이크의 그림에도 담
겨 있다. 그런데 정말 과학의 이성적 시선은 자연과 우주
의 아름다움을 해치는 것일까? 키츠의 자와 블레이크의
컴퍼스는 자연과 우주에서 인간이 느끼는 경이감을 해치
는 차가운 도구인 걸까?

과학의 시선으로 자연을 보아도 자연은 여전히 아름답
다. 오히려 자연의 아름다움을 보며 더 깊은 경이감을 느

낄 때가 많다. 비 온 뒤 맑게 갠 푸른 하늘에 뜬 무지개를 보며 과학자도 똑같이 아름다움을 느낀다. 빛의 파장에 따라 달라지는 굴절률의 차이로 대기 중의 작은 물방울에서 굴절된 빛이 색색으로 멋지게 나뉜다는 것을 알고 있다고 해서, 무지개가 덜 아름다워 보이는 것이 결코 아니다.

과학은 우리 눈에 보이는 자연의 아름다움을 또 다른 눈으로도 볼 수 있게 해준다. 두 눈으로 본 세상이 한쪽 눈을 감고 본 세상보다 더 입체적으로 보이듯이, 과학은 세상의 아름다움을 더 입체적으로 볼 수 있게 해준다. 인간이 볼 수 있는 가시광선의 파장과 들을 수 있는 가청진동수의 영역은 정말 좁다. 하지만 과학을 통하면 인간 감각의 영역대가 크게 확대된다. 전파망원경으로 보는 먼 우주의 모습과 초음파를 통해 보는 태아의 경이로운 움직임 같이 말이다. 과학은 보지 못했던 세상의 아름다움을 더 입체적으로 볼 수 있게 해주는 또 다른 눈이다. 과학의 눈으로 본 세상이 그 눈을 감고 본 세상보다 얼마나 더 아름답고 풍성한지, 많은 이가 경험하기를 진심으로 바란다.

무지의 바다 앞에서 앎의 조약돌을 줍는 기쁨

세이건이 기획하고 출연한 TV 다큐멘터리 〈코스모스〉는 1980년 방영되었고, 동명의 책으로도 출간되었다. 이 다큐멘터리 시리즈는 60개 국가에서 약 5억 명이 시청했으며, 책은 당시 미국에서 70주 동안 베스트셀러에 올랐다. 세이건은 특별한 천문학자다. 그는 전공 지식을 잘 아는 동시에 과학 활동을 하면서 느끼는 우주의 경이로움과 아름다움을 일반인들에게도 아주 쉽고 감동적으로 설명하는 탁월한 능력을 지녔다.

과학자들 사이에는 '코스모스 세대'라는 말이 있다. 바로 내가 속한 세대다. 우리 세대에는 『코스모스』 책과 다큐멘터리의 영향을 크게 받아서 어려서부터 과학자가 되고 싶어했던 사람이 많기 때문이다. 1980년은 우리나라에서 컬러 TV가 막 보급되던 시기였는데, 이 다큐멘터리를 보고 책을 읽으며 어린 마음에 큰 감동을 받아 과학자가 되기로 마음먹은 건 나뿐만이 아니었다. 『코스모스』는 우리를 과학으로 이끌었다.

책의 앞부분에는 독자를 끌어당기는 인상적인 인용문이 나온다.

앎은 한정되어 있지만 무지에는 끝이 없다. 지성에 관한 한 우리는 설명이 불가능한, 끝없는 무지의 바다 한가운데 떠 있는 작은 섬에 불과하다. 세대가 바뀔 때마다 그 섬을 넓혀 가는 것이 인간의 의무다.

동물학자 토머스 헉슬리Thomas Huxley는 '앎'을 무지의 바다 한가운데 떠 있는 작은 섬에 비유했다. 나는 둥근 구에 비유해보려 한다. 과학이 알아낸 것들이 구 안에 놓이고, 아직 모르는 미지의 세상이 구의 밖에 있다고 생각해보자. 과학이 새로 밝혀내는 것이 늘어날수록 구가 팽창해 반지름이 늘어나고, 이와 함께 구 내부의 부피도 늘어난다. 구의 표면은 이미 알아낸 것과 아직 모르는 것을 가르는 경계다.

우리의 지식이 늘어나 구의 반지름이 늘어날수록 미지와의 경계에 해당하는 구의 표면적도 늘어난다. 우리가 더 많이 알게 될수록, 모르는 것도 함께 늘어나는 셈이다. 과학자들은 이를 재미있게 '무지의 가속 팽창'이라 부르기도 한다. 지식의 구의 바깥 저 멀리에는 도대체 우리가 현재의 과학으로는 무엇을 물어야 할지 엄두도 내지 못하는 미지의 암흑이 펼쳐져 있고, 이 작은 지식의 구 안에서 오밀조밀 모여 구의 반지름을 어떻게든 늘려가려는 노력의 이름이 과학이다. 저 먼 미지未知의 암흑과 이성의 빛으로 환한 기지既知의 구 내부 사이에 놓인 어스름한 경계의 영역이 바로 과학의 최전선이다.

아무것도 모르면 아무것도 묻지 못한다. 우리가 아는 것이 더 많아질수록 질문해야 할 것도 함께 늘어난다. 혹시나 과학이 이렇게까지 발달했는데 미래에 과학자의 길을 택하면 할 일이 없어지는 게 아닐까 고민하는 분들이 있다면 절대 그럴 리가 없다고 내가 단언할 수 있는 이유다. 지금의 과학자들이 잘 모르는 정도는 나중의 과학자들이 모를 것에 비하면 그나마 적은 편일 것이다. 우리가 더 알수록 우리가 모르는 것, 우리가 던져야 할 질문이 더 빠르게 늘어나기 때문이다. 지금 젊은 친구들이 과학자가 되어 맞닥뜨리게 될 과학의 최전선은 지금보다 훨씬 더 넓다.

나는 바닷가 모래밭에서 더 매끈하게 닦인 조약돌이나 더 예쁜 조개껍데기를 찾아 주우며 놀지만 거대한 진리의 바다는 온전한 미지로 내 앞에 그대로 펼쳐져 있다.

상상해보자. 바닷가에 어린아이가 있다. 아이가 바다를 보고 있다. 출발한 곳을 뒤로 하고 눈앞에 펼쳐진 바다를 바라보고 있다. 아이의 눈에 들어온 엄청난 크기의 대양을 떠올려보자. 뉴턴이 자신 앞에 놓여 있는 엄청난 무지의 바다를 어떻게 느꼈을지 상상해볼 수 있을 것이다. 뉴턴은 바닷가를 거닐다가 예쁜 조약돌을 발견하고는 "와, 정말 예쁘다"라고 하면서 혼자 행복해하는 어린아이에 자신을 비유했다.

뉴턴뿐만 아니다. 현대를 살아가는 과학자들도 마찬가지다. 저 앞에 펼쳐진 무지의 바다는 정말 두렵지만, 발가락을 간지럽히는 바닷물 속 색색의 조약돌은 정말 예쁘다. 모르는 것이 많다고 좌절하지 않고 간혹 우리가 주울 수 있는 예쁜 조약돌 하나에 기쁨을 느끼는 것이 과학자가 과학이라는 활동을 이어가는 원동력이다. 게다가 주변을 돌아보면 혼자가 아니라는 것도 큰 기쁨이다. 과학자들은 와글와글 모여 왁자지껄 떠들면서 자기가 방금 주워 올린 예쁜 조약돌을 자랑하기도 하고, 다른 아이의 예쁜 조약돌에 감탄하기도 하는, 바닷가 어린아이들과 같다.

세이건은 『코스모스』에서 '우리는 별의 먼지'라고 했다. 정말 그렇다. 우리 인간의 몸을 이루는 물질 중 가벼운 원소는 우주가 빅뱅으로 탄생한 직후 얼마 지나지 않은 시간에 만들어졌고, 철보다 무거운 원소는 우리은하 어딘가의 초신성 폭발 때 만들어졌다. 우리 몸은 초신성 폭발의 잔해다. 영화 〈해리포터〉에 나오는, 불탄 재에서 탄생하는 불사조처럼 말이다.

결국 우리는 별의 먼지다. 다만 우리가 별의 먼지라는 것을 스스로의 힘으로 알아낸 아주 독특한 먼지다. 우주의 크기에 비하면 '나'라는 한 개인, 그리고 우리 인간은 우주의 티끌 같은 존재다. 그러나 달리 생각하면 인간은 이 엄청난 크기의 우주에서 자신이 티끌 같다는 것을 알아낸 유일한 존재이기도 하다.

우리가 아무리 노력한다고 해도 이성 혹은 과학으로 우주에 존재하는 모든 것을 다 이해할 수는 없다. 하지만 그렇다고 해도 우주를 탐구하고 알아가는 과정은 이 우주 안에 살고 있는 '티끌 같은 존재'에게 엄청나게 큰 행복감을 준다. 이성으로 자신이 우주의 티끌 같은 존재라는 것을 알아낸 우리 인간이 자신이 과연 어떤 티끌인지 알아내고자 애쓰는 활동의 이름이 과학이다.

'인간은 어떤 존재인가'를 생각할 때
여러 가지 방법으로 접근할 수 있다.
그 답을 찾기 위해 과학자들은 우주를
바라보기 시작했다. 우주는 나라는 존재가
특별하다는 걸 일깨워준다.
이제 과학적인 관점에서 생각해보자.
우주는 얼마나 거대한가?
그 속의 나는 어떠한 존재인가?

A

나만의 답을
적어보세요

2강

우주

나를 알기 위해

우주를 보다

자연과 우주를 탐구하며
인간을 이해하는
과학의 여정은
앞으로도 계속될 것이다.

하늘을 보고 날짜와 시간을 헤아리다

우주를 볼 수 있는 특별한 도구가 없었을 때 우리가 낮에 눈으로 볼 수 있는 천체에는 무엇이 있을까? 바로 태양이다. 먼저 우리는 매일 해가 동쪽에서 떠서 서쪽으로 지는 걸 볼 수 있다. 그런데 해가 뜨는 위치는 매일 조금씩 변한다. 여름에는 동쪽에서 약간 북쪽으로 치우친 곳에서 해가 뜨고, 겨울에는 동쪽에서 남쪽으로 치우친 곳에서 해가 뜬다. 1년이 지나면 다시 같은 위치에서 뜬다. 우리가 한 해를 한 '해'라고 부르는 이유다. 즉 1년 혹은 한 해는 '태양의 움직임이 한 번 반복하는 시간'을 뜻한다. 해가 뜨는 위치를 매일 유심히 살피면 한 해가 며칠이나 되는지 알 수 있다.

그다음 맨눈으로 볼 수 있는 천체는 달이다. 밤하늘을 보면 달이 보인다. 달은 초승달에서 상현달, 보름달, 하현달, 그믐달을 거쳐 다시 초승달로 돌아온다. 달이 처음의 모습으로 돌아오는 날을 세어보면 29일 정도다. 우리가 한 달을 한 '달'이라고 하는 이유다. 우리 눈에 보이는 달의 모습을 매일 유심히 살피면 우리는 한 달이 며칠이나 되는지 알 수 있다. 낮에 보이는 해와 밤에 보이는 달은 우리 선조의 달력이었다. 하늘을 유심히 보면 오늘이 한 해의 어느 때인지, 그리고 한 달의 어느 때인지 알아낼 수 있었다. 지구에서 볼 수 있는 큰 천체인 해와 달은 우리에게 시간을 알려준다.

한편, 밤에도 맨눈으로 볼 수 있는 천체가 또 있다. 별이다. 매일 밤하늘의 별을 보면 북극성을 중심으로 별들이 회전하는 것을 볼 수 있다. 그런데 북극성 둘레를 함께 회전하는 두 별의 상대적 위치는 변하지 않는다. 한 별이 북극성 둘레를 한 번 돌아 처음의 위치로 돌아오면 다른 모든 별도 정확히 처음의 위치로 돌아온다. 우리 눈에 밤하늘은 멀리 새까맣게 칠해져 있는 커다란 구의 안쪽에 반짝거리는 별들이 딱 붙어 있는 모습으로 보인다. 우리 선조들은 이런 밤하늘을 '천구天球'라고 불렀다. 별들은 천구에 딱 붙어 있고 천구 전체가 하루 한 바퀴씩 회전한다고 생각한 것이다.

천구에서 상대적으로 위치가 변하며 움직이는 떠돌이별, 즉 행성도 관찰할 수 있었다. 당시 맨눈으로 관찰할 수 있는 떠돌이별은 수성, 금성, 화성, 목성, 토성, 5개였다. 동서양 어디에서나 다섯 행성을 모두 알고 있었다.

우리 선조들에게 해와 달은 달력이자 시계였다. 둘을 이용하면 날짜와 시간을 측정할 수 있었다. 그렇다면 지금이 하루 중 어느 때인지, 그 시간은 어떻게 알 수 있었을까? 당연히 낮에는 해의 위치를 보면 알 수 있다. 해가 동쪽에서 낮게 보일 때가 아침, 서쪽 하늘에 낮게 보일 때가 저녁이다. 그리고 옛말에 "해가 중천에 떴는데 아직도 자냐?"라는 말에서 알 수 있듯이 '중천'은 하늘의 한가운데, 즉 해가 남쪽 하늘에 가장 높이 떴을 때를 말한다. 이때가 정오, 낮 12시다. 해가 중천에 떴을 때는 한낮이다. 낮에 보이는 해의 높이를 보고, 우리 선조들은 지금이 하루 중 어느 때인지 알 수 있었다.

오늘이 며칠쯤인지는 어떻게 알았을까. 날을 셀 때는

달 모양의 변화를 보았다. 우리 눈에 보이는 달의 위치와 모양이 매일 변하기 때문이다. 오른쪽 부분만 가늘게 빛나는 초승달이 해가 질 때 서쪽 하늘에 낮게 보이면 이제 새로운 달의 시작이다. 그로부터 7일쯤 지나면 해가 질 때 남쪽 하늘에 오른쪽 부분이 차오른 반달인 상현달이 높이 보인다. 눈썹 같은 초승달을 본 뒤 15일이 지나서는 서쪽 하늘에서 해가 질 때 동쪽 하늘에서 둥근 보름달이 뜨는 것을 볼 수 있다. 보름달 이후 7, 8일이 더 지나면 동쪽 하늘에 해가 뜨는 새벽녘에 왼쪽 부분이 하얀 반달인 하현 달을 남쪽 하늘에서 볼 수 있다.

이처럼 달을 보면 날짜를 알 수 있었다. 바로 그것이 우리가 일상에서 날짜가 적혀 있는 문서를 '달력'이라고 하는 이유다. 한 달이라는 시간의 길이를 뜻하는 단어에 들어 있는 '달'이 바로 하늘에 떠 있는 달인 것처럼, 영어에서도 한 달을 뜻하는 'month'와 달을 뜻하는 'moon'이 같은 어원을 가지고 있다.

오늘이 1년 중 언제쯤인지는 앞에서 얘기한 것처럼 다시 해의 위치 변화로 알아낼 수 있다. 해가 정확히 동쪽에서 떠서 서쪽으로 지는 날이 춘분과 추분이다. 춘분이 지나고 하루하루 날이 지나면 아침에 해가 뜨는 위치가 동쪽에서 북쪽으로 옮겨가고, 해가 지는 위치도 서쪽에서 북쪽으로 조금씩 이동한다. 해가 낮 동안 움직이는 하늘 위의 거리가 늘어나면서 해가 떠 있는 낮의 길이가 늘어난다. 매일 뜨는 위치가 북쪽으로 조금씩 이동하다가 가장 최북단에서 해가 뜨는 날이 하지다. 이때가 1년 중 낮이 가장 길다.

하지가 지나면 해 뜨는 위치는 방향을 바꿔 남쪽으로 조금씩 매일 이동하다 다시 정확히 동쪽에서 해가 뜨는 날이 추분이고, 추분을 지나 해 뜨는 위치는 계속 남쪽으로 이동한다. 해 뜨는 방향이 1년 중 가장 남쪽에 있을 때가 바로 동지다. 이때가 해가 낮에 이동하는 경로의 길이가 가장 짧아 낮의 길이도 짧다. 춘분에서 춘분까지, 하지에서 하지까지, 매일 해의 움직임을 유심히 관찰하면 한 해가 지나 해의 움직임이 반복되는 것을 알 수 있다. 우리 먼 선조들도 한 해가 365일 정도라는 것을 알고 있었다.

선조들과 달리 우리는 해와 달이 아닌 시계를 본다. 아마도 해와 달을 보고 때를 짐작하는 우리 현대인의 능력은 선조들의 실력에 미치지 못할 것 같다. 해의 높이를 보고 지금이 몇 시인지, 달의 모양을 보고 오늘이 며칠인지,

해가 뜨는 방향과 한낮 해가 남쪽 하늘에 얼마나 높이 떠 있는지를 보고 오늘이 몇 월인지, 우리 선조들은 쉽게 알아낼 수 있었을 것이 분명하다. 편리한 시계가 빼앗아 간, 이제는 점점 퇴화해가는 능력이다.

세계는 무엇으로 구성되어 있을까

고대 그리스의 철학자들은 '세계를 구성하는 근원 물질은 무엇인가?'라는 물음을 제기하고 근원 물질의 성질과 이들의 다양한 결합을 통해 우주와 자연을 설명하려고 했다. 결국 흙, 물, 공기, 불이라는 네 가지 근원 물질이 지상계의 모든 만물을 구성하고 있다고 보는 4원소설이 널리 받아들여졌다. 2,000년간 서구 유럽을 지배한 아리스토텔레스 세계관의 가장 중요한 부분이다.

아리스토텔레스의 세계관에서는 4원소설을 기하학과 관련짓기도 했다. 네 가지 원소를 3차원 공간에 존재하는 정다면체에 대응시키는 아이디어였다. 쌓을 수 있는 흙은 벽돌처럼 쌓아올리기 쉬운 정육면체다. 불은 닿으면 아프기 때문에 정다면체 중 가장 뾰족해 보이는 정사면체다.

잘 흐르는 물은 가장 동그란 모습이어서 구르기 쉬울 것 같은 정이십면체고, 위아래로 쉽게 움직일 수 있는 특성을 지닌 공기는 양쪽 꼭짓점을 세로로 잡고 바람을 불면 자유롭게 위아래로 움직일 듯한 정팔면체다.

이렇게 각각의 원소를 3차원의 정다면체에 하나씩 대응시키다 보면, 정다면체 하나가 남는다. 3차원에서는 5개의 정다면체가 가능하기 때문이다. 남은 한 가지 정다면체인 정십이면체는 '제5원소'라 불리는 천상계를 구성하는 원소인 '에테르'에 대응된다.

아리스토텔레스는 지구를 포함한 달 아래의 지상계는 흙, 물, 공기, 불의 네 원소로 구성되어 있고, 달과 해, 행성, 그리고 모든 별은 제5원소인 에테르로 구성되어 있다고 믿었다. 다섯 가지 원소는 본질적인 속성이 다르고 그 원소의 본질이 물체의 움직임을 결정한다고 보았다. 현대인에게는 우스워 보일 수 있지만, 아리스토텔레스 세계관의 믿음들은 상당히 정합적이다. 우리 일상의 경험적 사실들을 놀랍도록 잘 설명했다.

예를 들어보자. 흙, 물, 공기, 불의 순서로 우주의 중심을 향해 움직이려는 경향이 있다는 아리스토텔레스의 세계관을 받아들이면, 공기 중에서 돌멩이는 왜 아래로 떨어지는지, 물속에서 공기 방울은 왜 위로 움직이고, 불꽃은 왜 하늘로 치솟는지와 같은 우리 일상의 경험이 놀랍도록 잘 설명된다.

달 위 세계의 물체를 구성하는 에테르의 본질에 대한 해석도 흥미롭다. 땅 위의 모든 생명은 늙고 병들고 다치고 죽으며, 움직이는 모든 물체는 결국 멈춘다. 자명한 경험적 사실이다. 반면 저 하늘 위의 천체는 완전히 다르다. 땅 위에서 매일 고통을 겪는 인간이 바라본 하늘 위 세상은 완벽하다. 모든 천체는 완벽한 원을 그리며 같은 속도, 즉 등속等速으로 움직이는 것으로 보인다. 제5원소인 에테르의 본질이 원운동이기 때문이다. 아리스토텔레스 세계관이 그토록 오랜 기간 지속된 것은 일상의 경험적 사실을 세계관 안에서 정합적이고 체계적으로 설명할 수 있었기 때문이었다.

아리스토텔레스의 세계관이 지구가 둥근 구의 모습이라는 실제의 현실을 잘 설명할 수 있다는 것도 흥미롭다. 그 이론에 따르면 지상계의 모든 물질을 구성하는 4원소 중 흙이 우주의 가운데로 오려는 경향이 가장 크기 때문에 흙으로 구성된 지구는 우주의 중심에서 둥근 구의 모습으로 뭉쳐 있을 수밖에 없다는 아이디어다. 둥근 지구

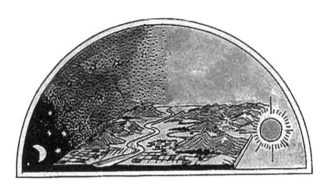

동양의 우주관인 천원지방에 의하면
하늘은 둥글고 땅은 네모난 형태였다.

가 우주의 중심에 있다는 생각은 2,000년간 지속된 아리
스토텔레스 세계관에서 놀라운 것이 아니었다.

　동양의 관점은 서양과 달랐다. '천원지방天圓地方'이라는
말이 있다. 하늘은 둥글고 땅은 네모나다는 뜻이다. 동양
에서는 네모난 땅이 평평하게 놓여 있고, 그 둘레를 둥글
게 하늘이 감싸고 있다는 우주관이 널리 받아들여졌다.
평평한 땅을 생각하면 당연히 위와 아래가 있다. 우리가
보는 물체들은 모두 아래로 떨어진다는 경험적 사실은 동
양에서는 설명할 필요도 없는 당연한 진리였다. 물이 아
래로 흐르는 것이 당연한 것처럼 말이다. 모든 것이 아래
로 떨어진다는 것을 당연한 사실로 받아들이면, 다른 심

각한 질문을 하게 된다. 우리가 발을 딛고 사는 땅은 왜 떨어지지 않을까? 떨어지는 것이 당연한데, 떨어지지 않는 것이 있다면 그것은 당연히 설명해야 할 현상이 된다.

땅이 떨어지지 않는 이유를 설명하는 여러 재밌는 아이디어가 제시되기도 했다. 고대 인도에서는 엄청나게 큰 여러 마리의 코끼리 등 위에 땅이 올라가 있다고 생각했다. 물론 그다음에 자연스럽게 등장하는 질문, '그렇다면 코끼리는 왜 아래로 떨어지지 않을까?'에 대한 답도 잘 마련되어 있었다. 코끼리가 엄청나게 큰 거북이의 등 위에 올라서 있기 때문이었다. 다음에 이어질 질문, '그러면 거북이는 왜 아래로 떨어지지 않을까?'에 대한 답도 당연히 있다. 거북이가 똬리를 틀고 있는 커다란 뱀 위에 있기 때문이었다.

물론 A가 떨어지지 않는 이유는 B가 그 아래에 있기 때문이라는 식으로 이야기를 이어나가자면 영원히 끝나지 않는다는 것도 고대인들은 잘 알고 있었다. 그런데 똬리를 튼 뱀이 떨어지지 않는 이유가 상당히 그럴듯하다. 뱀의 긴 몸이 거북이와 코끼리, 그리고 그 위에 올라선 땅을 모두 감싸고 저 위에서 뱀이 입으로 자신의 꼬리를 물고 있기 때문이다. 이처럼 고대 동양의 세계관에서는 평

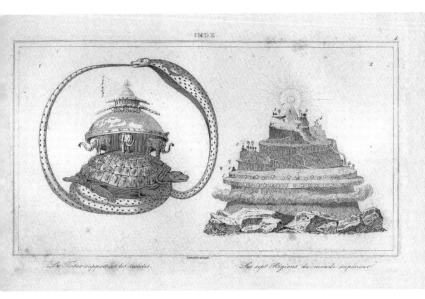

세상의 모습에 대한 고대 인도의 세계관.
땅이 떨어지지 않는 이유를 고민한 흔적이 보인다.

평한 땅 위에서 살아가는 우리가 세상을 보기에 위와 아
래의 구별이 명확히 존재했고, 땅 위에서 모든 것이 아래
로 떨어지는 것은 당연했다. 모든 것이 당연히 아래로 떨
어진다는 세계관을 받아들이면, 땅이 왜 아래로 떨어지지
않는지는 세계관 안에서 물어야 할 적절한 질문이 된다.

아리스토텔레스의 세계관은 달랐다. 우주의 모든 것
이 흙, 물, 공기, 불의 순서로 우주의 중심에 가까운 곳으

로 이동하려 한다는 세계관을 받아들이면 지구는 우주의 중심에 그대로 가만히 정지해 있는 것이 당연하다. '지구는 왜 아래로 떨어지지 않을까?'라는 질문은 아리스토텔레스의 세계관에서는 나올 수 없다. 우주의 중심에 있는 둥근 지구는 떨어질 '아래'가 없기 때문이다.

동양의 천원지방을 다시 생각해보자. 땅을 포함하고 있는 전체 3차원 공간에서 세 방향 중, 위아래 방향은 땅이 놓여 있는 평면 방향과는 분명히 구별되는 것을 알 수 있다. 우리가 발을 딛고 있는 땅 표면의 2차원에 수직 방향의 1차원이 더해진 모습이다. 3차원 중 수직 방향의 1차원이 질적으로 다르다고 생각한 것이 공간에 대한 동양의 관념이다. 즉 3차원보다는 2+1차원이라는, 수직 방향의 차원을 따로 적는 것이 더 적당해 보인다. 현대물리학에서도 4차원 시공간이라고도 하지만, 공간의 3차원과 시간의 1차원을 명확히 구별해 적고자 3+1차원이라고 적기도 한다. 한편, 아리스토텔레스의 세계관에서는 3차원 공간의 세 방향이 모두 다 동등한 형태다. 서양의 공간이 3차원이라면, 동양의 공간은 오랫동안 2+1차원이었다.

서양에 4원소설이 있다면 동양에는 오행설伍行說이 있다. 오행설은 우주의 기운은 음기와 양기로 나뉘고 두 종류의 기가 상호작용하는 과정에 세계의 기초가 되는 나무, 불, 흙, 쇠, 물, 5개의 원소가 있다고 이야기한다. 각 원소는 목생화木生火, 화생토火生土, 토생금土生金, 금생수金生水, 수생목水生木으로, 서로 순환적으로 도움을 주는 관계이다. 나무는 불을 키워서 '목생화', 무언가 불에 타면 재가 남아 흙이 되므로 '화생토', 흙에서 금속을 캘 수 있어서 '토생금', 바위틈에서 물이 나와서 '금생수', 물을 주면 나무가 자라서 '수생목'이다. 각 원소를 바라보는 동서양의 차이가 흥미롭다. 서양의 4원소설이 만물을 구성하는 근원 물질의 변하지 않는 본질적인 특성에 주목했다면, 동양의 오행설은 근원 물질인 목화토금수의 상호작용을 통한 변화의 과정을 훨씬 더 중요하게 생각했다. '역경易經'이라고도 부르는 『주역周易』에서 '역易'의 의미가 바로 우주 만물의 '변화'이기도 하다.

동양과 서양이 우주를 이해하는 방법은 이처럼 달랐지만, 인간을 둘러싼 자연과 우주를 이해하기 위해 나름의 정교한 체계를 갖추려고 했다. 인간으로서 품을 수밖에 없는 자연과 우주에 대한 호기심, 그리고 세상에 펼쳐지는 현상을 이해하고자 하는 노력은 똑같았다. 과학과 기술이 발전한 지금도 자연과 우주에 대한 인간의 호기심은 여전히 계속되고 있다. 우주에 대한 깊은 이해는 결국 나를 이해하는 방법이다. 우주를 이해하고자 하는 인간의 열망은 식지 않을 것이다.

프톨레마이오스 대 코페르니쿠스

고대 그리스의 천문학자이자 수학자인 프톨레마이오스는 지구 중심 체계를 고안했다. 지구 중심 체계에서는 지구가 우주의 중심에 있고 다른 천체들이 그 주위를 돌고 있다. 지구와 가장 가깝게 달이 돌고 있고, 수성, 금성, 태양, 화성, 목성, 토성, 천구의 순서로 지구 주위를 돌고 있다고 보았다.

흔히 지구 중심 체계를 떠올릴 때 다음에 나오는 위쪽 그림처럼 생각하는 경우가 많은데, 이는 잘못된 그림이다. 프톨레마이오스의 지구 중심 체계는 아래 그림의 모습이다. 지구가 우주의 중심에 있다는 것은 같지만 아래 그림에는 지구와 태양을 잇는 직선 위에 수성과 금성이 회전하는 작은 원의 중심이 놓여 있다.

오늘날의 관점으로는 틀린 설명이지만, 당시에는 프

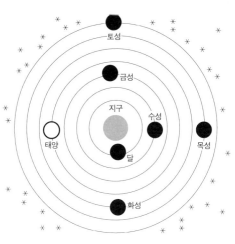

프톨레마이오스의 지구 중심 체계에 대한 잘못된 설명

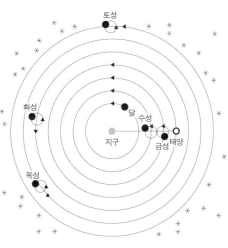

프톨레마이오스의 지구 중심 체계에 대한 올바른 이해

톨레마이오스의 지구 중심 체계로 천체 현상 대부분을 설명할 수 있었다. 먼저 일식과 월식, 달 모양이 한 달을 주기로 변하는 것을 설명한다. 지구를 돌고 있는 달이 먼 궤도를 돌고 있는 태양 앞으로 오면 일식이고, 달이 태양의 반대쪽으로 가서 지구의 그림자에 가리면 월식이다. 지구와 달, 태양의 상대적인 위치에 따라서 달이 보름달이 될 수도 있고 상현달이 될 수도 있다는 것도 그림을 보면 쉽게 이해할 수 있다.

프톨레마이오스의 이론은 행성의 운동도 잘 설명한다. 지구에서 볼 때 화성은 천구에 붙박인 별들을 배경으로 해서 보통은 서쪽에서 동쪽으로 움직이는데, 어떤 시기에는 거꾸로 동쪽에서 서쪽으로 방향을 바꿔 움직일 때가 있다. 이를 '역행'이라고 한다. 프톨레마이오스의 지구 중심 체계로 화성을 포함해 다른 행성들의 역행도 설명할 수 있었다. 행성이 지구 주위를 도는 원 궤도 위에 다른 작은 원의 중심이 놓여 있고, 행성은 사실 '주전원epicycle'이라 불리는 이 작은 원 위에서 움직인다고 가정했다. 주전원 위에서 움직이는 행성을 지구에서 바라보면 행성이 지구에서 가까울 때는 행성의 운동 방향이 멀 때의 반대 방향이 될 수 있다. 주전원을 이용하면 행성의 역행을 설명하는 데 아무런 문제가 없다.

금성은 해가 지고 얼마 안 돼서 서쪽 하늘에 낮게 보이거나 해가 뜨기 직전 새벽에 동쪽 하늘에 낮게 보이곤 한다. 자정쯤에 남쪽 하늘에 금성이 보이는 일은 결코 없다. 즉 금성은 우리가 태양을 바라보는 방향을 중심으로 어느 정도의 각도 안에서만 관찰된다. 태양에서 금성이 얼마나 멀리 벗어나 보이는지, 그 최대 각도를 천문학에서는 '금성의 최대이각'이라고 부른다. 앞서 설명한 프톨레마이오스의 지구 중심 체계를 다시 보자. 프톨레마이오스의 지구 중심 체계는 금성의 최대이각도 문제없이 설명할 수 있다. 금성과 수성의 주전원의 중심은 태양을 지구와 연결한 선분 위에 놓여 있어 수성과 금성은 태양에서 멀리 벗어날 수 없기 때문이다. 요컨대 프톨레마이오스의 지구 중심 체계로는 당시에 알려진 모든 천체 현상을 정량적으로도 잘 설명할 수 있었다.

물론 실제 태양계의 모습은 지구 중심 체계가 아니다. 지구 중심 체계로는 결코 설명할 수 없는 현상도 많다. 예를 들어, 보름달처럼 꽉 찬 금성의 모습은 프톨레마이오스의 체계로는 절대로 설명할 수 없다. 지구를 가운데 두고 태양의 반대편에 금성이 있어야 빛을 정면으로 받아서 지구에서 본 금성이 보름달처럼 동그랗게 보일 수 있다. 그러나 앞의 그림에서 볼 수 있듯이, 지구와 태양을 잇는 직선 위에 놓인 금성의 궤도는 금성의 최대이각을 쉽게 설명할 수는 있지만, 이로 인해서 지구에서 본 금성이 태양의 반대쪽에 있을 수는 없게 된다. 보름달처럼 꽉 찬 금성의 모습은 태양 중심 체계를 이용해서만 설명할 수 있다.

하지만 금성이 보름달처럼 둥근 모습일 수도 있고 그믐달이나 초승달처럼 기운 모습일 수도 있다는 것은 1600년대 갈릴레오가 망원경을 이용해 직접 금성의 모습을 관측하고서야 발견된 사실이었다. 당연히 그 이전에는 지구 중심 체계로 지구에서 본 금성의 모습을 설명할 수 없다는 것을 전혀 몰랐을 것이다. 지구 중심 체계는 아무런 문제없이 2,000년 가까이 서구 유럽에서 폭넓게 받아들여졌다.

2,000년 가까이 된 프톨레마이오스의 지구 중심 체계와 1543년에 코페르니쿠스가 발표한 태양 중심 체계가 경합하던 시기가 있었다. 두 체계의 예측력이 크게 다르지 않아, 중세 대학에서는 두 체계를 함께 가르쳤다. 그러나 당시 대부분의 과학자는 프톨레마이오스의 지구 중심 체

계가 코페르니쿠스의 태양 중심 체계보다 더 탄탄한 근거가 있다고 생각했다. 몇 가지 이유가 있다.

코페르니쿠스의 태양 중심 체계에 따라 지구가 자전한다면, 높은 곳에서 떨어뜨린 물체는 연직 방향(물체를 매단 실이 나타내는 수직 방향)을 따라 바로 아래로 떨어지는 것이 아니라 지구 자전의 반대 방향으로 어느 정도 치우친 위치로 떨어져야 했다. 그런데 실제 물체를 떨어뜨려 보면, 물체는 항상 정확히 연직 방향을 따라 바로 아래로 떨어진다. 떨어지는 도중에 지구의 자전으로 연직 방향에서 어긋나 한쪽으로 치우쳐 떨어지는 물체는 관찰된 적이 없다.

코페르니쿠스 체계에는 다른 문제도 있었다. 빠른 속도로 달리면 얼굴에 맞바람이 닿는 것을 누구나 느낄 수 있다. 그렇다면 지구가 자전과 공전을 할 때 맞바람이 불어야 한다. 우리가 발을 딛고 서 있는 땅이 움직인다면, 우리 얼굴에 땅이 움직이는 방향의 반대로 맞바람이 불어야 하기 때문이다. 하지만 지구에 사는 누구도 맞바람을 경험하지 않는다. 따라서 지구의 공전과 자전을 이야기하는 코페르니쿠스 체계는 사실과 다르다는 결론을 내리게 됐다. 이 두 가지 의문 때문에 당시 사람들은 오히려 '지구는 정지해 있다. 움직이는 건 지구를 제외한 천체들이다'라고 설명하는 프톨레마이오스 체계를 더 신빙성 있게 받아들였다.

물론 현대의 물리학자라면 앞서 제기한 두 문제에 제대로 답할 수 있다. 상식에 바탕을 둔 당시 사람들의 예측이 틀린 것이지, 태양 중심 체계가 잘못된 것이 아니다. 높은 곳에서 손에서 놓은 물체는 지구 자전과 같은 처음 속도를 가지고 지면에 평행한 방향으로 던져진 것과 같다. 물체가 낙하하는 동안 지구가 움직인 거리와 물체가 옆으로 움직인 거리가 정확히 같고, 따라서 물체는 연직 방향을 따라 정확히 바로 아래에 떨어진다. 또 지구의 대기는 지구와 함께 '한 몸'으로 움직이고 있어서 지구의 자전과 공전으로 맞바람이 발생하는 것이 불가능하다.

케플러의 슬픔 그리고 기쁨

요하네스 케플러Johannes Kepler는 코페르니쿠스의 영향을 받아 태양이 우주의 중심임을 받아들인 사람이었다. 당시에는 천왕성과 해왕성이 발견되지 않았고, 우주의 중심인 태양 주위를 도는 행성은 수성, 금성, 지구, 화성, 목성, 토성 6개만이 알려져 있었다. 케플러의 초기 우주모형은 '행성이 왜 하필 6개일까?'를 고민하다가 떠올린 아이디어였다. 케플러는 3차원 공간에 정다면체가 5개 있다는 기하학의 명확한 진리에 착안해 우주모형을 떠올렸다. 그런데 정다면체는 5개인데, 어떻게 행성의 수가 6개임을 설명할 수 있었을까?

해결책은 간단했다. 태양에 가장 가까운 수성 궤도는 반지름이 가장 작은 구 위에 있다고 생각해보자. 수성의

케플러의 초기 우주모형

궤도가 놓인 안쪽의 가장 작은 구의 바깥에는 이 구와 딱 맞는 정다면체 하나가 외접하고 있다고 또 가정하자. 이 정다면체의 바깥에는 다시 그 정다면체와 맞닿아 외접하는 구가 있고, 이 구 위에 금성의 궤도가 놓인다고 생각해보자. 구에서 시작해 구에서 끝나고, 그 중간의 두 구 사이마다 정다면체가 하나씩 딱 구에 맞닿아 들어 있는 식이다. 이런 방식으로 이어나가면 모두 6개의 구를 생각할 수 있게 된다. 5개의 정다면체로 6개의 구가 만들어진다. 가장 안쪽의 구가 수성의 궤도에 해당하고, 가장 바깥에 있는 구는 토성의 궤도에 해당한다.

정말 아름답지 않은가? 케플러의 초기 우주모형은 태양계에 행성이 왜 6개인지를 3차원 공간에 정다면체가 5개 있다는 기하학적 진리로 설명했다. 정다면체가 놓이는 순서를 잘 찾으면 중심에서 6개 구까지의 각각의 거리가 실제로 태양에서 여섯 행성까지의 거리와 잘 맞았다. 실제 행성 궤도와 비교해도 오차는 약 5퍼센트 정도만 발생할 정도였다.

스웨덴 스톡홀름 인근의 조각 공원 밀레가든Millesgården에는 왼손에 정십이면체를 들고 있는 인물 동상이 있다. 정십이면체는 고대 그리스 철학자들이 말한 제5원소, 즉 천상계를 구성하고 있는 물질인 에테르에 해당한다. 그런데 이 동상은 정십이면체를 왼손에 들고 정십이면체가 아닌 하늘을 보고 있다. 자, 이 동상의 제목은 뭘까? 이 동상의 제목은 스웨덴 말로 'Astronomen'인데, 끝에 붙은 'en'은 정관사에 해당한다. 그래서 영어로는 'The Astronomer', 우리말로는 '천문학자'이다.

이 동상의 제목이 왜 '천문학자'인지 이제 이해할 수 있을 것이다. 나는 이 천문학자 동상을 보고 아름다운 기하학적 우주모형으로 우주와 천체의 궤도를 이해하려고 했던 케플러를 떠올렸다. 손에 들고 있는 우주의 기하학적 모형을 이용해 눈으로 바라보는 저 우주의 천체의 궤도를 이해하고자 했던 케플러 말이다.

고대 그리스인들은 우주 전체를 설명할 수 있는 아주 아름답고 단순한 원리가 있다고 생각했다. 이러한 생각이 서양 과학을 오래 지배했다. 4원소설과 에테르를 5개의 정다면체에 대응시켜 지상계와 천상계 물질의 구성을 설명한 아리스토텔레스의 세계관도, 케플러가 5개의 정다면체를 이용해 기하학적으로 우주의 구조를 이해하려고 했던 것도 모두 마찬가지다.

과학자, 특히 물리학자는 단순한 이론으로 우주와 자

스톡홀름 밀레가든에 있는 〈천문학자〉 동상

연을 이해하려 한다. 단순한 이론이 더 아름다운 이론이라고 생각한다. 하지만 우주가 왜 단순한 이론으로 설명되어야 하는지, 그 자체를 증명할 수 있는 물리학자는 없다. 다만 지금까지 단순하고 아름다운 이론이 '진리'에 가깝다는 것을 여러 번 경험하면서, 더 단순하고 아름다운 이론을 추구하는 성향이 생긴 것이다.

케플러는 1596년 출간한 책 『우주의 신비Mysterium Cosmographicum』에서 앞서 살펴본 기하학적 우주모형을 발표했다. 이후, 당대 최고의 천문 관측학자였던 튀코 브라헤Tycho Brahe의 초청을 받아 그의 관측소를 방문했다. 브라헤가 죽은 뒤 케플러는 브라헤가 축적한 정교하고 방대한 관측 자료를 물려받아 연구를 이어갔다.

그러다가 케플러는 자신의 아름다운 우주모형이 브라헤의 관측 자료와 맞지 않는다는 것을 발견하고는 결국 자신의 우주모형을 포기하게 된다. 물리학자인 나는, 오랜 노력 끝에 완성해낸 모형을 포기할 수밖에 없었던 케플러의 슬픔과 좌절을 생생히 공감할 수 있다. 과연 나라면 타인의 관측 자료를 믿고 이토록 아름다운 이론을 포기할 수 있었을까?

케플러는 브라헤의 관측 자료를 바탕으로 계속 연구

해 1609년 행성 운동에 관계된 두 가지 법칙을 발표한다. 바로 '케플러 제1법칙', '케플러 제2법칙'이다. 그리고 10년이 흐른 뒤 1619년 세 번째 법칙까지 포함한 『우주의 조화Harmonices Mundi』라는 책을 출간한다. 케플러는 세 번째 법칙을 '조화의 법칙The Harmonic Law'이라고 불렀다. 태양에서 행성이 가장 멀리 있을 때의 거리를 '긴 반지름'이라고 하는데, 행성 궤도의 긴 반지름의 세제곱이 행성의 공전 주기의 제곱에 비례한다는 것을 밝혀낸 것이다.

조화, 즉 하모니는 음악 용어에도 있다. 고대 그리스의 피타고라스는 어떤 음이 서로 잘 어울리는지를 실험으로 알아냈다. 피타고라스학파는 튕겨서 소리를 내는 줄의 한쪽을 고정하고, 반대쪽은 도르래에 걸쳐 추를 매달았다. 그리고 추를 바꿔 달면서 줄을 튕겨 그 음을 귀로 들었다. 이러한 실험을 통해 줄의 길이가 일정할 경우 두 추의 무게가 정수 제곱의 비가 될 때 만들어지는 2개의 음이 우리 귀에 조화롭게 들린다는 걸 알아냈다. 바로 음악에서 말하는 하모니의 발견이다.

우리는 진동수의 비가 정수일 때 두 음이 조화롭게 들린다는 것을 알고 있다. 1옥타브 차이 나는 두 음의 진동수 비는 1:2, 도와 솔의 진동수 비는 2:3, 으뜸화음 도미솔의 진동수 비는 4:5:6이다. 두 음의 진동수 비가 아주 간단한 정수비가 될 때 우리 귀에는 두 음이 화음을 이뤄 조화롭게 들린다. 음악에서의 두 음의 조화를 생각하면 케플러가 세 번째 법칙을 왜 '조화의 법칙'이라 불렀는지 짐작할 수 있다. 행성 운동에 등장하는 거리와 시간 사이의 관계에서 발견되는 2와 3이라는 단순한 두 정수를 보면서 우주에서 들려오는 멋진 화음을 상상한 것은 아니었을까?

뉴턴이 본 세상

1687년 뉴턴은 『자연철학의 수학적 원리Philosophiae Naturalis Principia Mathematica』(줄여서 '프린키피아'라고도 한다)라는 유명한 책을 출간한다. 이 책에서 뉴턴은 "나는 가설을 만들지 않는다"라고 선언했다. 이 선언은 이전에 만연했던 사변적인 탐구 방법을 비판했다는 점에서 무척 중요하다. 뉴턴 이전의 과학자들은 항상 근본적인 원인을 이야기하고 싶어 했다. 데카르트와 같은 철학자도 예외가 아니어서, '행성은 왜 태양을 중심으로 한 궤도로 움직일까?'를 계속 고민하다가 우주에 어떤 물질의 소용돌이가 있고 소용돌이가 행성의 운동을 일으킨다고 주장하는 식이었다. 뉴턴 이전의 과학자들은 이와 같이 자연현상을 설명하려면 어떤 근본적인 원인을 생각해야 한다고 믿는 경향이 강했다. 그러나 뉴턴은 달랐다.

뉴턴은 근본적인 원인에 대해서는 묻지도 말하지도 않겠다고 선언했다. "근본적인 원인에 대해서 나는 설명하지 않겠다. 다만 원인에 대한 질문을 '어떻게'라는 질문으로 바꾸겠다"고 이야기했다. 예를 들어 '경험적으로 중력은 거리의 제곱에 반비례하는데, 왜 그런지는 묻지 말라. 대신 달이나 행성의 움직임이 어떻게 변하는지를 중력의 크기가 거리의 제곱에 반비례한다는 법칙으로 설명하겠다'는 식이다. 이러한 연구 방식은 큰 성공을 거두었다. 케플러가 생각한 우주는 기하학적인 성격이 강하다. 반면에 뉴턴이 찾아내고 설명한 우주는 동역학적인 특징이 크다. 즉 시간에 따라서 행성이 어떻게 움직이는지를 설명하려고 한 것이 뉴턴의 우주이다. 뉴턴은 케플러의 기하학적인 설명을 모두 운동방정식의 형태로 바꾸었고, 자신의 방법을 이용해 케플러의 세 법칙 모두를 정확히 증명해낼 수 있었다.

많은 사람이 뉴턴이 사과가 떨어지는 걸 보면서 '지구가 사과를 잡아당기고 있구나', '중력이 작용하고 있구나' 하고 중력법칙을 발견했다고 생각하는데, 이는 잘못된 일화이다. 어떤 힘이 사과를 끌어당겨서 사과가 떨어진다는 생각은 뉴턴 이전에도 누구나 할 수 있었다.

뉴턴의 발상이 놀라운 것은 '지구 중력이 사과를 끌어당겨서 사과가 떨어지듯이, 지구 중력이 저 먼 달도 끌어당기고 있는 것은 아닐까?'라는 질문을 했다는 데 있다. 뉴턴 이전에는 천상계의 물체인 달과 지상계의 물체인 사과의 운동은 그 본질이 다르므로, 각기 다른 방식으로 설명해야 한다고 여겼다는 것을 생각해보면 정말 놀라운 발상이다. 뉴턴은 당시 알려져 있던 측정 수치들을 이용해서, 지구가 달을 끌어당기는 중력이 지구가 사과를 끌어당기는 중력과 정확히 같은 수학적 형태를 가진다는 것을 증명했다. 뉴턴에 와서야 천상계의 움직임과 지상계의 움직임이 하나로 통합된 것이다.

우주의 경이로움과 아름다움을 이해하는 인간의 여정은 그 자체가 긴 역사다. 잊지 말아야 할 것은, 과거 우리 선조들의 우주에 대한 이해가 지금 우리 현대인의 기준에서 오류가 많다 하더라도, 그것은 최선을 다해 노력해 얻은 값진 성과였다는 점이다. 자연과 우주를 탐구하며 우리 인간을 이해하는 과학의 여정은 앞으로도 계속될 것이 분명하다.

내 인생을
위한
질문

인간만이 세계를 구성하는 물질에
호기심을 품고, 자연의 경이로움을 보고,
끝이 없을지도 모르는 우주를 탐구해왔다.
앞으로 계속될 인간의 지적 여정은
우리의 삶을 어떻게 바꿀 것인가?

A

나만의 답을
적어보세요

3강

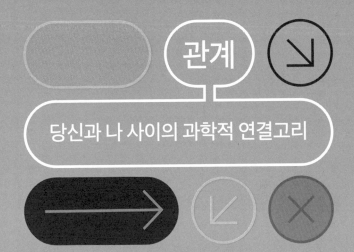

관계

당신과 나 사이의 과학적 연결고리

우리는 고립된 섬이 아니다.
에너지를 교환하고
끊임없이 엔트로피를 줄여가며
생명을 유지하는 존재다.

티끌 모아 태산을 이해하다

대학의 물리학과에서 가장 중요한 네 과목을 꼽으라면 고전역학, 전자기학, 양자역학 그리고 통계역학이다. 전자기학 과목을 전기역학이라고 부르는 곳도 있다. 물리학과에서는 이 과목을 두고 4대 역학이라 부른다. 역학이라는 단어가 들어 있는 물리학과 과목에서는 자연현상을 기술하는 '방법'을 주로 배운다. 전 세계 어느 대학교의 물리학과라도 학부를 졸업한 사람이라면 십중팔구 4대 역학을 모두 배웠을 것이 틀림없다. 4대 역학 중에서 고전역학을 가장 먼저 배우고, 전자기학과 양자역학을 배운 후, 고학년 때 통계역학을 마지막에 배운다. 4대 역학의 네 과목 모두 하나같이 물리학 분야에서 중요한 과목이다. 통계물리학이라고도 불리는 통계역학을 고학년 때 배우는 이유는 무엇일까? 통계역학은 고전역학 그리고 양자역학과는 어떤 차이가 있을까?

먼저 고전역학은 우리가 눈으로 볼 수 있을 정도로 큰 입자의 운동을 설명하는 분야다. 예컨대 손바닥 위에 올려놓은 돌멩이를 떨어뜨리면 어떻게 움직일지, 당구대 위를 움직이는 당구공이 충돌하면 무슨 일이 생길지를 설명한다. 한편, 양자역학은 빛알(광자)이나 전자 등 우리가 맨눈으로는 절대 볼 수 없을 정도로 작은 입자들을 기술한다.

통계역학은 많은 입자로 이루어진 커다란 물리 시스템을 기술하는 방법이다. 통계역학과 통계역학이 아닌 것을 나누는 기준은 입자의 크기가 아니라 입자가 많은지 적은지가 기준이다. 계系라고도 부르는 시스템은 물리학에서 연구의 대상을 뜻한다. 시스템을 이루는 많은 입자는 고전역학을 따르는 큰 입자일 수도 있고 양자역학을 따르는 작은 입자일 수도 있다. 고전역학을 따르는 큰 입자가 많은 시스템을 다루는 통계역학을 '고전통계역학'이라고 부르고, 양자역학을 따르는 눈에 보이지 않을 정도로 아주 작은 입자가 많은 시스템을 다루는 통계역학을

'양자통계역학'이라고 부른다.

고전통계역학과 양자통계역학을 모두 아우르는 학부의 통계역학을 배우려면, 고전역학과 양자역학을 먼저 알아야 한다. 큰 것이 적게 있을 때와 작은 것이 적게 있을 때를 먼저 배운 다음에야, 크든 작든 많이 있을 때 어떻게 되는지를 배울 수 있다. 그래서 물리학과에서 고전역학과 양자역학을 먼저 배우고, 통계역학을 고학년 때 배우는 건 어쩌면 당연하다. 어떤 분야를 연구하는 물리학자든, 4대 역학은 물리학자라면 누구나 알고 있어야 할 물리학의 방법이다. 일종의 기본 소양에 해당한다.

통계물리학은 물리학과 학생이 배우는 과목의 이름이기도 하고, 물리학 세부 전공의 이름이기도 하다. 물리학의 여러 세부 전공의 이름에는 물리학의 방법을 적용해 이해하고자 하는 대상의 이름을 '물리' 앞에 붙인 것이 많다. 고체물리, 천체물리, 반도체물리, 광물리는 각각 고체, 천체, 반도체, 그리고 광(빛)에 대해 배우는 물리학 내 전공 분야의 이름이다.

그럼 통계물리학은 통계를 연구하는 걸까? 아니다. 통계물리학이라는 이름에서 '통계'의 의미는 연구의 대상이 아니라 연구의 방법을 의미한다. 통계물리학은 통계라는 방법을 적극적으로 이용하는 물리학의 한 전공 분야의 이름이다. 이런 면에서, '통계물리'는 무척이나 독특한 분야다. 물리학의 전공 중 연구의 대상이 아닌 방법이 전공의 이름 안에 들어 있는 분야는 통계물리가 유일해 보인다. '통계역학'이라는 방법을 이용해 연구할 수 있는 모든 대상을 연구하는 것이 바로 통계물리다. 정리해보자. 통계역학은 물리학자라면 누구나 학부 과정에서 배우는 과목이다. 통계물리는 무엇이라도 많이 모여 있어 통계역학을 이용할 수 있는 시스템을 연구의 대상으로 하는 물리학의 전공 분야다.

'티끌 모아 태산'이라는 속담이 있다. 통계물리학 분야가 바로 티끌을 모아 태산을 연구하는 분야라고 할 수 있다. 커다란 규모(태산)에서 나타나는 현상을 이해하기 위해 미시적인 정보(티끌)를 연구의 출발점으로 삼는다.

세상에서 많이 모일 수 있는 것은 여러 종류가 있다. 입자일 수도 있고, 입자가 아닐 수도 있다. 우리가 몸담고 살아가는 사회도 결국은 많은 사람이 모여 있는 시스템으로 볼 수 있다. 결국 사람을 티끌로, 사회를 태산에 비유하면 사회에서 일어나는 거시적인 현상도 통계물리학의 관심 대상이 될 수 있다. 사회를 구성하는 우리 모두는 서로 다른 이들과 연결되어 있다. 물리학에서 입자 사이의 상호작용은 우리 일상의 용어로는 '관계'에 해당한다. 우리는 많은 사람과 관계를 맺어 서로 영향을 주고받는다. 수많은 '나'가 관계를 맺고 서로 소통하며 연결되어 '우리'가 된다. 통계물리학에서는 우리를 이해하기 위해서는 관계에 대한 이해가 먼저라고 생각한다. 통계물리학은 다름 아닌, '관계 과학'이다.

복잡한 도시에서 일어나는 일

아리스토텔레스는 "전체는 부분의 단순한 합보다 더 크다"고 했고, 1977년 노벨물리학상을 받은 필립 앤더슨Philip Anderson은 "많으면 달라진다"고 말했다. 나는 "함께하면 달라진다"고 말한다. 사실 위의 얘기와 같은 뜻이다. 통계물리학은 '함께하면 달라지는 것들'에 관한 과학이다.

통계물리학자들이 요즘 많이 연구하고 있는 분야 중 하나가 복잡계complex system다. 통계물리학은 물리학 안의 전공 분야의 이름이고, 복잡계는 요즘 많은 통계물리학자가 관심을 두고 있는 연구 주제의 이름이다. 나는 복잡계 연구에 관심이 많은 통계물리학자다.

복잡계는 수많은 구성 요소로 이루어져 있는 시스템을 말한다. 복잡계의 구성 요소들은 서로 강하게 영향을 주고받으면서 거시적인 현상을 만들어낸다. 이때 복잡계가 전체로서 보여주는 현상은 개개의 구성 요소가 가진 특성으로 설명하기 어렵다는 것이 무척 중요하다. 부분들이 모여 상호작용하면서 한 구성 요소에서는 볼 수 없던 특성이 전체에서 새롭게 나타난다. 이를 '떠오름 현상emergence' 또는 '창발'이라고 한다. 복잡계가 보여주는 대표적인 특성이다.

예를 들어, 얼음은 손으로 눌러보면 딱딱하지만 얼음을 구성하는 물 분자는 수소 원자 2개와 산소 원자 하나로 이루어진 분자일 뿐이어서 딱딱하다는 특성이 없다. '딱딱함'은 물 분자들이 서로 영향을 주고받으면서 만들어내는 거시적인 특성이지, 물 분자 하나에서는 찾을 수 없다. 자동차에서도 떠오름 현상을 생각해볼 수 있다. 자동차는 빠른 속도로 달려서 '빠름'이라는 거시적인 특성이 있다고 할 수 있다. 그러나 '빠름'이라는 속성을 가진 부품이란 있을 수 없다. '빠름'은 부품 하나에서 찾을 수 있는 것이 아니라 자동차를 구성하고 있는 많은 구성 요소들이 서로 유기적으로 연결되고 관계를 맺어 나타나는 거시적인 특성이다.

보통 1 더하기 1은 2(1+1=2)라고 알고 있다. 통계물리학의 관점에서 1은 부분 또는 구성 요소를 말하고, '더하기(+)'는 구성 요소들 사이의 관계를 규정하며, 2는 전체를 말한다. 만약 1만 알고 '더하기'는 모른다거나 1은 모르고 '더하기'만 안다면 2가 무엇인지 이해할 수 없다. 즉 구성 요소만 알고 구성 요소들 사이의 관계를 모르거나 구성 요소는 모르고 구성 요소들 사이의 관계만 안다면 전체를 이해할 수 없다. 통계물리학은 구성 요소와 더불어 구성 요소들이 서로 어떤 관계가 있는지를 들여다봐서 전체를 이해하는 방법이다.

여러 복잡계는 1 더하기 1이 2가 아닐 수도 있다는 흥미로운 특성을 보여준다. 전체는 부분의 단순한 합과 다를 수 있다는 뜻이다. 부분들이 서로 맺는 관계의 특성에 따라서 부분의 합과는 다른 전체가 만들어진다. 함께하면 달라진다는 의미다. 현실의 복잡계에서 1 더하기 1은 2보다 클 수도, 작을 수도 있다. 도시가 바로 1 더하기 1이 2와 다를 수 있다는 것을 보여주는 대표적인 사례다. 두 도시가 있다. A도시의 인구는 B도시 인구의 2배다. 각 도시에 사는 사람들의 재산을 각각 모두 더하면 A도시에 사는 사람들의 총 재산은 B도시에 사는 사람들의 총 재산의 몇 배일까? 인구가 2배니까 재산의 총합도 2배일까? 실제로 여러 도시의 데이터를 모아 분석한 연구에 따르면, 인구가 2배 더 많은 큰 도시에 사는 사람들의 총재산은 인구가 절반인 작은 도시에 사는 사람들이 가진 총재산의 2배가 아니라 2.2배였다. 인구가 많을수록 재산이 더 빨리 늘어난다. 총재산을 인구로 나눠 1인당 재산을 구해 비교하면, 인구가 더 많은 도시에서 1인당 재산이 더 많다는 의미다. 특허의 수도 마찬가지의 특성을 보여준다. 인구가 2배인 도시에서 출원되는 특허의 수는 인구가 절반인 작은 도시에서 출원되는 특허 수의 2배가 아니다. 2배보다 더 큰 2.2배가 된다는 데이터 분석 결과가 있다. 인구가 많아지면 도시는 더 생산적이고 더 창의적이 된다는 의미다. 도시에는 도로망과 하수도 등 기반시설이 구축되어 있다. 인구가 2배 더 많은 도시의 기반시설 양은 인구가 절반인 다른 도시의 몇 배일까? 실제 여러 도시의 데이터를 모아서 분석한 자료에 따르면, 2배보다 적은 1.8배였다. 하수도의 길이를 예로 들어 그 의미를 좀 더 구체적으로 살펴보자. B도시의 인구가 *N*이라면 인구가 2배인 A도시의 인

	A도시	B도시
인구	$2N$	N
하수도 길이	$1.8L$	L
1인당 하수도	$\left(\dfrac{0.9L}{N}\right)$	$\dfrac{L}{N}$

인구가 많은 도시가 더 효율적인 이유

구는 $2N$이라고 적을 수 있다. B도시의 하수도 길이가 L일 때, A도시의 하수도 길이는 $1.8L$정도라는 것이 기존의 연구 결과다. 두 도시 각각에 대해서 1인당 하수도의 길이를 구하면 B도시는 $\dfrac{L}{N}$, A도시는 $\dfrac{1.8L}{2N} = 0.9\dfrac{L}{N}$이다. 즉 A도시의 1인당 하수도의 길이는 B도시에 비해 0.9배에 불과하다는 것을 알 수 있다. 1보다 작으니, 결국 기반시설의 측면에서 인구가 더 많은 도시가 상대적으로 더 효율적이라는 의미다.

위에서 소개한 연구 결과에서 왜 도시는 한번 형성되면 인구가 계속 늘어나는 경향이 있는지를 생각해볼 수 있다. 인구가 많을수록 도시는 더 생산적이고, 더 창의적이면서도, 더 효율적으로 변하기 때문이 아닐까? 여러 나라에서 대도시로의 인구집중이 계속 심화하는 이유도 이 때문 아닐까? 우리나라만 봐도 해방 이후 서울을 중심으로 한 수도권의 인구는 계속 늘어, 최근에는 전국 인구의 50%를 넘었다.

과학자들이 하는 이런 이야기를 들을 때 조심할 것이 있다. '도시의 인구가 늘어나면 재산의 총합이 인구보다 빨리 늘고, 필요한 기반시설의 양은 인구보다 느리게 늘어난다'는 진술은 현실의 데이터를 이용해 분석해서 얻은 객관적 사실을 말한 것이다. 이를 '도시는 클수록 좋으니 도시 인구가 늘어나는 것을 막을 필요 없다', 혹은 '도시의 인구가 많을수록 바람직하다'라는 진술과 구별할 필요가 있다. 사실에 대한 진술을 당위와 가치에 대한 진술로 오해하는 '자연주의 오류'를 피해야 한다는 뜻이다. '모든 것은 지표면 근처에서 아래로 자유 낙하한다'는 사실에 대한 진술은 '모든 것은 아래로 떨어져야 한다'는 당위에 대한 진술도, '모든 것이 지면 위에 딱 붙어 있는 것이 바람직하다'라는 가치판단에 대한 진술도 아니다.

사실 도시에 대한 다른 데이터를 같은 방식으로 분석하면 대도시 인구 집중의 어두운 면을 볼 수 있다. 도시의 인구가 2배가 되면 범죄의 수는 2배보다 더 빨리 늘어난다. 도시의 인구가 늘어나면 도시는 더 생산적이고 창의적으로 변하지만, 범죄의 숫자도 함께 는다. 인구 집중은

'바람직하다, 아니다'와 같이 이분법적으로 단순하게 판단할 수 없는 문제다.

데이터 분석 결과는 가치판단을 하기 어려울 때가 많다. 먼저 가치중립적인 사실로 받아들이려는 노력이 필요하다. 사회현상을 과학적으로 이해하려는 연구의 첫 번째 목적은 문제의 해결책을 제시하는 것이라기보다는, 문제를 해결하기 위한 노력의 객관적인 출발점을 찾는 데 있다는 것이 나의 믿음이다. 앞서 살펴본 도시의 데이터는 우리가 어떻게 노력하면 도시의 인구 증가의 긍정적인 효과는 유지하면서 부정적인 효과는 줄일 수 있을지를 고민하는 출발점이 되어야 할 것이다. 현실을 극복하려면 먼저 현실에 대한 이해가 선행되어야 한다고 믿는다. 마치 우리가 중력을 이해해야 중력을 극복해 사람을 우주로 보낼 수 있듯이 말이다.

현실을 바라보게 해주는 여러 가지 제도

물리학자는 딱 3개의 수만 셀 수 있다. '하나', '둘'을 세고는 웅얼웅얼 얼버무리다가 갑자기 '무한대'로 건너뛴다.

물리학 본연의 한계에 관한 뼈 아픈 농담이다. 중력 상호 작용을 하는 천체가 하나, 둘이 있을 때는 미래의 궤적에 대한 해석적인 해를 구할 수 있으나, 세 천체가 있을 때는 미래의 궤적을 구할 수 없다는 것이 유명한 삼체문제Three-body Problem다. 물리학자가 셋을 셀 수 없는 이유다. 셋도 모르니, 당연히 4도 못 센다. 5도 못 세고, 100만도 못 센다. 2보다 큰 어떤 유한한 숫자도 물리학자는 세지 못한다. 그런데 숫자가 점점 커지면 재밌는 일이 생긴다.

물리학자는 100억, 1,000억은 세지 못해도 무한대는 셀 수 있다. 무한한 수의 구성 요소가 모여 있는 커다란 시스템의 경우에는 물리학이 전체에 대해 정확히 설명할 수 있는 것들이 일부 있다는 뜻이다. 통계물리학이 바로 무한대를 세는 방법이다.

간단한 실험이 있다. 청중 100명을 앞에 두고 곧 던질 질문에 손을 드는 사람들이 5명 정도일 거라는 예측을 먼저 사람들에게 들려준다. 그리고 "성씨가 최 씨인 분들은 손들어주세요"라고 부탁한다. 실제 실험을 해보면 정말로 5명 정도가 손을 든다. 물론 어떨 때는 4명이기도 하고 6명이기도 하다. 딱히 최 씨 성을 가진 사람들을 청중으로 모으려 한 것이 아니라면 100명의 청중 중 10명 이상이 최

씨 성을 가질 가능성은 크지 않다. 내 예측 결과가 실제 손을 든 사람의 수를 어느 정도 잘 맞추면 사람들이 재밌어한다. 하지만 사실 별것도 아닌 예측이다. 우리나라에서 최 씨 성의 비율이 4.7% 정도라서, 100명의 4.7%인 4.7명, 즉 약 5명 정도가 최 씨라고 손을 들 사람 수의 기댓값이기 때문이다.

청중이 적으면 예측치가 틀릴 때가 많다. 예를 들어 5명의 청중이라면 최 씨 성을 가진 사람 수의 기댓값은 한 명도 안 되어서 예측한 숫자가 커다란 불확실성을 가진다. 조사의 대상이 되는 집단의 크기가 100명, 1,000명, 1만 명으로 늘어나면, 최 씨의 비율은 우리나라 전체 인구에 대한 통계조사 결과인 4.7%를 향해 접근해 예측이 점점 더 정확해진다. 바로 물리학자가 무한대를 셀 수 있다는 말의 의미다. 구성 요소의 수가 무한대인 시스템에서 전체의 통계적 특성에 대한 예측은 정확해진다는 말이다. 요즘 말하는 빅데이터는 바로 이와 같이 많아지면 정확해지는 '큰 수의 법칙Law of Llarge Numbers'으로 인해 주목받는 분야다. 점점 더 많은 데이터가 수집될수록 이를 이용한 현실의 통계적인 이해는 점점 더 정교해진다.

우리나라 언론의 보도 내용이 기억난다. 무작위로

1,000명을 선택해 어떤 바이러스 감염 여부를 조사했더니 그중 1명이 무증상 감염자로 판명이 됐고, 따라서 감염률이 0.1%라는 보도였다. 이를 근거로 5,000만 명 중에 약 50만 명의 감염자가 아직 확진 판정을 받지 않은 채로 일상생활을 계속하고 있다는 기사였다. 1,000명을 조사해서 발견된 딱 1명의 사례로 이런 결론을 내릴 수는 없다. 5명 청중 중에 최 씨라고 손을 든 사람이 1명도 없다고 해서, 우리나라 전체에 최 씨가 없다고 결론을 내릴 수 없다는 것과 마찬가지 이야기다. 1,000명을 조사했는데 감염자로 판정받은 사람이 우연히 맨 마지막 사람이었다고 가정해보자. 999명을 조사했을 때는 감염자가 0명이었다가 맨 마지막 한 사람을 더 조사해서 1,000명이 되는 순간 감염자가 0명에서 1명으로 바뀐다. 그 순간 '5,000만 명 중에서 감염자가 몇 명일까?'에 대한 예측치는 0명에서 50만 명으로 껑충 뛰는 셈이다. 물론 전체 감염자 수의 예측값이 50만 명이라고 이야기할 수는 있다. 하지만 이 예측에 관계된 불확실성의 정도가 50만 명이라는 것도 당연히 인지해 기사를 써야 한다. 50만 명일 수도, 0명일 수도, 그리고 100만 명일 수도 있어서 평균값 예측치 50만 명은 아무런 의미가 없다. 게다가 진단의 정확도가 100%가 아니

라는 것을 감안할 때, 1,000명 중 한 명의 감염자는 진단 자체의 오류에서 비롯되었을 가능성도 있다. 적은 수의 데이터를 가지고 과도하게 일반화된 결론을 말하는 것은 아주 위험하다.

복잡계를 연구하는 사람들은 전체를 가능한 단순한 방식으로 보고자 한다. 복잡계 연구자만 그러는 것도 아니다. 모든 과학자는 자연과 사회를 이해하는 가능한 단순한 방식을 선호한다. 사회경제학자 존 밀러John H. Miller가 쓴 『전체를 보는 방법A Crude Look at The Whole』에서 "과학은 결국 지도를 만드는 것이다"라고 했다. 어떤 지도가 좋은 지도일까? 자세할수록 좋을까? 극단적으로 집 근처 편의점 앞에 있는 쓰레기통까지 모든 정보가 표시된 서울시 지도를 상상해보자. 아마도 그 지도는 아무짝에도 쓸모없을 가능성이 크다. 서울 안의 모든 세세한 정보를 단 하나도 빠뜨리지 않고 담는 지도의 크기는 현실의 서울의 면적과 같을 수밖에 없다. 그처럼 세세한 지도는 만들어도 쓸 필요가 없다. 지도를 펴서 살펴보는 것은 그저 목적지 없이 현실의 서울 위를 걸어다니는 것과 다를 바 없기 때문이다.

중요한 현실 정보만을 간추려 표시한 지도가 더 좋은 지도다. 과학도 마찬가지다. 과학은 현실을 설명하는 '지도'를 가능한 한 단순하게 만들고자 하는 공통의 노력이다. 과학은 세상을 이해하는 지도를 만든다.

현실을 표현한 지도가 딱 한 종류가 아니라는 것도 중요하다. 우리는 어떤 정보를 찾고 싶은지 그 목적에 따라, 맛집 지도, 지하철 노선도, 관광 지도 등 다양한 지도를 이용한다. 각각의 지도에는 목적에 따라 꼭 필요한 정보는 들어 있고 필요하지 않은 정보는 생략되어 있다. 목적에 따라 지도가 여럿 있듯이 모든 학문은 분야마다 나름의 의미를 지닌 독특한 지도를 만든다. 각 학문 분야가 만들어내는 지도를 다른 학문 분야의 관점에서 잘못된 지도라고 생각한다면 크나큰 오산이다. 맛집 지도는 옳고 관광 지도는 틀린 것이라고 말할 수 없는 것과 같다. 각 학문 분야가 만들어내는 지도에 우열은 없다. 맛집 지도와 관광 지도를 함께 가지고 있어야 우리가 맞닥뜨리는 다양한 현실의 문제를 잘 해결할 수 있는 것처럼 여러 학문 분야가 각기 만들어내는 지도를 함께 쓰면 세상을 더 풍성하게 이해할 수 있다. 학문 분야마다 세상을 보는 눈이 다르다. 물리학자에게 사회학자의 지도를 만들라고 요구하거나 사회학자에게 물리학자의 지도를 만들라고 요구하는 것이 융합 연구가 아니다. 각기 다른 지도를 만들지만, 다

른 분야의 지도를 읽고 이해하려는 노력이 융합적인 연구
가 성공하기 위한 첫 단추가 아닐까 한다. 지도가 서로 다
르다는 것을 받아들이고 서로의 지도를 존중하는 것이 학
문을 하는 바람직한 태도일 것이다.

일어날 일은 일어난다, 엔트로피

통계물리학은 주로 거시적인 대상에 관심을 가진다. 그러
나 거시적인 시스템과 미시적인 시스템을 나누는 기준은
날카로운 면도날처럼 명확히 정의되지 않는다. 시스템의
공간적인 크기를 기준으로 나누는 것도 아니다. 그보다는
시스템에 들어 있는 구성 요소의 개수가 많은지, 적은지
가 더 의미 있는 기준이다. 같은 대상이어도 어떻게 바라
보는지에 따라 거시·미시가 달라지기도 한다. 예를 들어,
태양 주위를 공전하는 지구의 타원형 궤도를 구할 때 지
구는 딱 하나의 물체로 볼 수 있지만, 지구의 기상 현상을
연구할 때는 기상에 관여하는 온갖 부분들의 집합으로
지구를 생각해야 한다. 같은 지구라도 관심을 두는 자연
현상이 무엇인지에 따라 미시적인 시스템으로 볼 수도,

거시적인 시스템으로 볼 수도 있다. 현상을 기술하는 데 필요한 변수의 개수가 미시와 거시를 나누는 기준이다. 명확한 기준이 있는 것은 아니지만, 물리학에서 시스템의 거시성의 개략적인 기준은 아보가드로수Avogadro's Number이다.

탄소의 원자량은 12이다. 전체 질량이 12g이 되려면 얼마나 많은 탄소 원자가 모여 있어야 할까? 이 숫자가 바로 아보가드로수이다. 아보가드로수는 약 6.02×10^{23}에 해당하는 아주 큰 수다. 1강에서 우주에 있는 별의 수가 수천억 곱하기 수천억 정도라는 이야기를 했다. 1,000억을 숫자로 풀어 적으면 100,000,000,000이다. 1뒤에 0이 11개가 있다. 과학에서는 이렇게 큰 숫자를 적을 때 0이 몇 개가 붙어 있는지, 그 개수를 이용해 숫자를 표시한다. 1,000억에는 1뒤에 0이 11개가 있으니 10^{11}으로 적을 수 있다. 우주에 있는 모든 별의 수는 수천억에 수천억을 곱한 것이어서 $10^{22} \sim 10^{23}$정도가 된다. 탄소 12g 안에 들어 있는 원자의 수는 우주에 있는 별의 개수 정도다. 아보가드로수는 이처럼 엄청나게 큰 수다. 또 섭씨 0도, 1기압에서 아보가드로수의 기체 분자가 모여 있으면 전체 부피는 22.4L다. 물 없이 공기만 들어 있어 가벼운 1L짜리 플라스틱병 안에도 우주에 있는 별의 수 정도인 무려 10^{22}개 정도의 기체 분자가 들어 있다. 아보가드로수 정도로 많은 구성 요소로 이루어진 시스템이면 통계물리학에서의 거시적인 계라고 할 수 있다. 미시와 거시를 나누는 엄격한 기준은 아니어서, 아보가드로수의 절반이나 10분의 1 정도의 구성 요소로 이루어졌어도 거시적인 시스템이라 할 수 있다.

통계역학은 많은 구성 요소로 이루어진 시스템을 기술한다. 20세기 초, 통계역학의 학문 체계가 완성되기 전에는 열역학이 거시적인 물리 시스템을 기술하는 표준적인 방법이었다. 열역학과 통계역학은 똑같이 거시적인 물리 현상을 다루지만, 둘에는 중요한 차이가 있다. 열역학이 거시적인 양 사이의 관계를 주로 다룬다면 통계역학은 미시에서 출발해서 거시를 설명한다. 열역학의 미시적인 근거를 제공하는 것이 바로 통계역학이다.

많은 구성 요소로 이루어진 거시적인 시스템은 열역학의 법칙들을 만족한다. 열역학 제1법칙은 어떤 시스템의 내부 에너지는 밖에서 에너지가 들어온 만큼 늘어나고 밖으로 에너지가 나간 만큼 줄어든다는 법칙이다. 월급 통장의 입출금을 떠올리면 쉽게 이해할 수 있다. 월급 통장의 잔액은 월급이 들어오면 그만큼 금액이 늘어나고 지출한 만큼 금액이 줄어든다. 열역학 제1법칙은 이와 수학적 구조가 똑같다. 들어온 양에서 나간 양을 빼면 그 차이가 바로 늘어난 양이다. 혹은 처음의 양에 들고난 양을 더하면 바로 나중의 양과 같다고 할 수도 있다. 열역학 제1법칙은 이처럼 열역학적인 과정에서 변하지 않고 일정하게 유지되는 양이 있다는 것을 알려준다. 그렇게 보존되는 양이 바로 에너지다.

열역학 제2법칙은 다르다. 제2법칙에서는 열역학적인 과정에서 항상 늘어나는 양이 있다는 것을 알려준다. 고립계의 엔트로피entropy는 항상 증가하거나 일정하며 절대로 감소하지 않는다. 세상에 존재하는 모든 거시적인 고립된 시스템은 엔트로피 증가의 법칙을 만족한다. 공기 중에서 확산되는 맛있는 음식 냄새뿐 아니라, 모든 생명 현상도 마찬가지다. 수많은 '나'가 모여 구성되는 우리도 엔트로피 증가의 법칙에서 자유롭지 않다. 그렇다면 열역학 제2법칙에 등장하는 엔트로피는 무엇을 의미할까?

물리학자 루트비히 볼츠만Ludwig Boltzmann은 엔트로피를 정교한 수식의 형태로 제안했다. 볼츠만의 엔트로피를 수식화하면 다음과 같다.

$$S = k \log W$$

S는 엔트로피를 말하며, k는 볼츠만 상수라고 불리는 물리 상수다. 식의 W는 시스템의 거시적인 상태에 상응하는 가능한 미시적인 상태의 수를 나타낸다. 볼츠만의 엔트로피 공식을 보면, W가 커지면 S가 커진다는 것을 알 수 있다. 로그함수가 증가함수이기 때문이다. 즉 시스템에 허락되는 미시 상태의 수가 늘어나는 것이 바로 엔트로피가 늘어나는 과정이라는 의미다. 시스템을 외부로부터 고립시켜 아무런 방해 없이 가만히만 내버려두면 시스템은 허용되는 가능한 미시 상태의 수가 많은 쪽으로 자연스럽게 변화한다는 것이 엔트로피 증가의 법칙이다.

볼츠만의 엔트로피는 정말 놀라운 식이다. 엔트로피는 볼츠만 이전에도 열역학을 이용해 실험으로 측정할 수 있었다. 그런데 여기서 나아가 볼츠만은 당시 잘 알려져 있던 거시적인 열역학적 엔트로피가 시스템의 미시적인 정보에 관한 양인 W와 어떻게 관련되는지를 수식을 통해 우리에게 명확히 알려주었다. 미시와 거시를 잇는 다리의 역할을 하는 것이 바로 볼츠만의 엔트로피이고, 많은 물리학자가 통계역학의 아버지로 볼츠만을 꼽는 이유다. 볼츠만의 엔트로피 공식은 그의 묘비에도 적혀 있을 만큼 물리학의 역사에서 매우 중요한 성취이다. 볼츠만의 엔트로피 공식을 적용하려면 거시 상태와 미시 상태의 의미를 이해해야 할 뿐 아니라, 미시 상태의 수 W를 어떻게 세는지도 알아야 한다.

다음에서 격자 안에 들어 있는 입자의 예로 설명해보려 한다. 먼저 가로로 8칸, 세로로 8칸으로 나뉜 64개의 작은 방으로 이루어진 사각 격자가 있고 그 안에 입자가 하나 있다고 상상해보자. 입자는 64개의 작은 방 중 어디

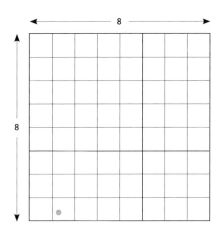

입자가 놓일 수 있는 위치에 대한 경우의 수는?

에나 있을 수 있다. 이때, 이 입자 하나가 가질 수 있는 미시 상태의 수가 바로 64이다. 경우의 수를 생각하면 된다. '전체 64개 방 어디엔가 입자가 하나 있다'와 같이 전체를 규정하는 것이 거시 상태고, 주어진 거시 상태의 조건을 만족하는 가능한 모든 구체적인 시스템의 상태 각각이 미시 상태다.

이 예에서 전체 64개의 방 어디엔가 한 입자가 있을 수 있는 거시 상태는 모두 64개의 가능한 미시 상태를 가진다. 그 입자 하나가 1번 방에 있든, 2번 방에 있든, 64개의 방 중 어디에 있든 모두 같은 거시 상태이고, 이것을 구성하는 미시 상태의 가능한 모든 경우의 수가 바로 64이다. 한 입자가 64개의 방 어디엔가 있는 거시 상태에 해당하는 미시 상태의 수 $W^{(1)} = 64$이다. 공식 안의 1은 입자의 수를 뜻한다.

입자가 2개면 어떻게 될까? 입자 하나가 64개의 방 중 하나를 차지하고 있을 때, 두 번째 입자도 64개의 방 중 어디에나 있을 수 있다고 가정하면 입자 2개가 놓이는 경우의 수는 64×64이다. 첫 번째 입자가 놓일 수 있는 위치가 64개의 방 중 하나, 두 번째 입자가 놓일 수 있는 위치도 64개의 방 중 하나이기 때문이다. 따라서 입자가 2개일 때는 $W^{(2)} = 64^2$이다.

이제 입자의 수가 N개인 경우를 생각해보자. 첫 번째 입자가 놓일 수 있는 위치의 가짓수가 64, 두 번째 입자도 64, 세 번째도 64…. 그래서 64를 연이어서 N번 곱한 값이 전체 입자 N개가 가질 수 있는 가능한 모든 경우의 수가 된다. 따라서 N개의 입자가 64개의 방에 들어 있는 거시 상태에 상응하는 미시 상태의 수는 $W^{(N)} = 64^N$으로 적을 수 있다. 그리고 이 값을 볼츠만의 엔트로피 식에 이용하면 N개의 입자가 64개의 방에 들어 있는 거시 상태에 대한 엔트로피를 얻게 된다.

다음에는 64개의 방으로 이루어진 전체 사각 격자 구조의 한가운데를 벽으로 나눈 상황을 생각해보자. 왼쪽 절반에 있는 32개의 방에 입자 N개가 있을 수 있는 가능한 경우의 수는 몇일까? 앞에서 했던 계산과 똑같다. 입자가 N개 있을 때 왼쪽 절반에 입자들이 놓일 수 있는 가능한 모든 경우의 수는 32^N이다.

지금까지의 논의 결과를 요약해보자. 64개 방으로 이루어진 전체에서 입자 N개가 어느 방에나 있을 수 있는 거시 상태를 A라 하자. A에 허락되는 미시 상태의 수는 $W_A = 64^N$이다. 한편 64개의 방 중 왼쪽 절반의 32개의 방 안에 같은 개수 N개의 입자가 어느 방에나 있을 수 있는 거시 상태를 B라 하면, B는 $W_B = 32^N$개의 미시 상태를 가진다.

이제 드디어 엔트로피 증가의 법칙을 생각할 수 있다. 벽을 두고 왼쪽에 N개의 입자를 다 모아둔 다음에 벽을 치우면 어떻게 될까? 지금까지의 논의를 통해서 벽을 치우기 전인 거시 상태 B는 $W_B = 32^N$의 미시 상태를 가지고 있고, 벽을 치우고 나서 시간이 지나 입자가 어디에나 있을 수 있는 거시 상태 A는 $W_A = 64^N$의 미시 상태를 가진다는 것을 알게 되었다. 두 거시 상태 각각의 엔트로피를 볼츠만의 엔트로피 공식 $S = k \log W$를 이용해 구하면 다음과 같다.

$$S_A = \log W_A = k \log 64^N = Nk \log 64$$

(64개의 방으로 이루어진 격자 안에서 입자 N개가 가질 수 있는 엔트로피)

$$S_B = k \log W_B = k \log 32^N = Nk \log 32$$

(32개의 방으로 이루어진 격자 안에서 입자 N개가 가질 수 있는 엔트로피)

당연히 S_A가 S_B보다 크다. 즉 가운데 벽을 치우고 기다리면 입자들이 방 전체에 고루 퍼지게 되는 과정(거시 상태 B에서 거시 상태 A로의 변화)에서 엔트로피는 증가하게 된다. 바로 열역학 제2법칙인 엔트로피 증가의 법칙이다. 기체 분자가 좁은 곳에 모여 있다가 더 넓은 영역으로 확산되는, 우리가 늘 보는 과정에서 엔트로피는 늘어난다. 넓은 영역에 퍼져 있던 기체가 저절로 좁은 영역으로 모이는 과정을 볼 수 없는 이유도 같다. 엔트로피 증가의 법칙에 위배되기 때문이다.

엔트로피의 변화를 확률로 이해할 수도 있다. 입자 하나가 들어 있는 커다란 방을 상상한 다음, 그 방을 왼쪽과 오른쪽으로 나누는 상상의 벽이 있다고 가정해보자. 이 벽은 실제로는 방에 없는데 우리가 입자의 위치가 왼쪽인지 오른쪽인지를 구별하기 위해 이용하는 개념일 뿐이다. 이는 입자의 물리적인 움직임에는 아무런 영향을 주지 않는 가상의 벽이다. 1개의 입자가 처음에 이 가상의 벽 왼쪽에 있었다고 하자. 한참 기다리면 결국 이 입자는 방의 왼쪽 절반 부분에 있을 수도, 오른쪽 절반 부분에 있을 수도 있다. 충분히 시간이 지난 다음 입자를 다시 보면 이 입자가 왼쪽에 있을 확률은 $\frac{1}{2}$이다. 시간이 충분히 지나면 입자가 왼쪽과 오른쪽 각각에 같은 확률로 있을 수 있기 때문이다. 입자가 2개일 때는 어떨까? 두 입자가 모두 왼쪽에 있을 확률은 $\frac{1}{4}$이 된다. 첫 번째 입자가 왼쪽에 있을 확률이 $\frac{1}{2}$, 두 번째 입자가 왼쪽에 있을 확률도 $\frac{1}{2}$이고, 두 입자 사이에는 아무런 상호작용이 없어 두 입자가 서로 독립적으로 움직인다고 가정했기 때문이다.

하지만 세상에는 입자가 정말 많다. 우리가 사는 세상에서 방 안에 들어 있는 기체 분자의 수는 아보가드로수보다 더 많다. 방에 있는 입자의 수를 N이라고 하면, N개의 입자가 우연히 왼쪽에 모두 모여 있을 확률을 계산할 수 있다. $\frac{1}{2}$을 N번 곱하면 된다. 이 숫자는 어떤 의미일까? 자신이 앉아 있는 방에 벽이 있다고 상상해보자. 방 안에는 산소 분자가 많다. 그중에 산소 분자 하나가 내가 있는 쪽이 아니라 상상의 벽 건너편에 있을 확률은 $\frac{1}{2}$이다. 그렇다면 산소 분자 N개 모두가 내가 앉아 있는 쪽이 아닌 반대쪽에 있을 확률은 $\left(\frac{1}{2}\right)^N$이다. 바로 내가 앉아 있는 공간에 산소 분자가 단 하나도 없어서 내가 질식할 확률이다. 확률이 0이 아니므로 어쩌면 실제로 일어날 수도 있는 사건이지만 우리가 질식하지 않는 이유는 무얼까?

방 안에 있는 산소 분자의 수는 앞에서 이야기한 아보가드로수를 이용해 추정해볼 수 있다. 이런 계산을 할 때

물리학자들이 정확한 숫자에 관심이 있는 것은 아니어서, 대충 계산하는 것을 선호한다. 방의 면적이 $10m^2$이고 방의 높이가 3m라면 전체 부피는 약 $30m^3$에 해당하고 이를 리터 단위로 바꾸면 약 3만L이다. 독자가 있는 방이 이보다 커서 부피가 $30m^3$가 아니라 $300m^3$라고 해서, 이런 계산이 크게 잘못된 것은 아니다. 질식사 확률의 추정치만을 대충 계산하려 하기 때문이다. 우리가 사는 온도와 압력에서 아보가드로수의 기체 분자는 약 20L의 부피를 차지하므로, 3만L 부피의 방에는 약 10^{27}개 정도의 산소 분자가 있다. 따라서 우리가 가만히 앉아 있는 방에서 아무런 일이 벌어지지 않았는데도 단지 우연으로 질식할 확률은 $\frac{1}{2}$을 10^{27}번 곱한 값이다. 27번만 곱해도 아주 작은 확률값인데, 27번이 아니라 10^{27}번을 곱해야 한다. 0.000…의 소수의 형태로는 절대 적을 수 없을 정도로 많은 0을 적은 다음에야 처음으로 0이 아닌 숫자가 나오는 엄청나게 작은 확률이다. 방의 이쪽저쪽 아무 곳에나 있던 산소 분자가 내가 있는 방의 이쪽이 아닌 저쪽으로 모두 몰려가서 내가 있는 쪽에는 산소 분자가 단 하나도 없을 수도 있다. 하지만 우리는 전혀 두려워할 이유가 없다. 내가 질식할 확률이 너무나도 낮기 때문이다. 불가능한 일이다. 거꾸

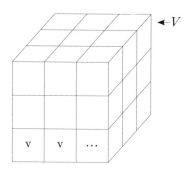

부피가 V인 방이 부피가 v인 작은 정육면체로 나뉘어 있다고 가정해보자

로 처음에 중간을 가르는 상상의 벽의 저 건너편에 산소 분자가 모두 모여 있었다고 하면 어떤 일이 생길까? 시간이 지나면 방 전체에 산소 분자들이 골고루 퍼지게 된다. 한번 이렇게 골고루 퍼진 산소 분자는 계속 이렇게 균일하게 방 모든 곳에 퍼져 있는 상태를 유지한다.

앞에서 64개의 방으로 이루어진 사각 격자에서 입자들이 전체 어디에나 있을 때(거시 상태 A)와 절반에 모여 있을 때(거시 상태 B)의 엔트로피를 설명했다. N개의 기체 분자가 들어 있는 3차원의 방도 작은 정육면체의 여러 구역으로 나뉘어 있다고 가정하면 엔트로피를 마찬가지의 방법으로 계산할 수 있다. 부피가 V인 방 전체가 부피가 v인 여러 개의 작은 정육면체로 나뉘어 있다고 가정하면, 기체 분자 하나가 놓일 수 있는 가능한 경우의 수는 $M = \dfrac{V(\text{부피})}{v(\text{작은 방})}$로 적을 수 있다. 바로 전체 방에 들어 있는 작은 정육면체의 개수에 해당한다. N개의 기체 분자 모두가 방 전체에 골고루 존재하는 거시 상태 A에 해당하는 미시 상태의 수는 $W_A = M^N$이고, 이들 기체 분자가 방 전체의 왼쪽 절반에 모두 존재하는 거시 상태 B에 해당하는 미시 상태의 수는 $W_B = \left(\dfrac{M}{2}\right)^N$이 된다. 왼쪽 절반에는 부피가 v인 작은 정육면체가 $\dfrac{M}{2}$개 있기 때문이다. 이제 왼쪽 절반에 모여 있던 N개의 기체 분자가 방 전체로 고르게 확산되는 과정에서의 엔트로피의 변화량을 쉽게 계산할 수 있다.

$$\Delta S = S_A - S_B = k\log W_A - k\log W_B$$
$$= k\log M^N - k\log\left(\dfrac{M}{2}\right)^N = Nk\log 2$$

(상태 A에서의 엔트로피 S_A에서 상태 B에서의 엔트로피 S_B를 빼면 상태 B에서 상태 A로의 변화 과정에서 변화한 엔트로피의 양 ΔS를 계산할 수 있다. 만약 ΔS가 0보다 크다면 B에서 A로의 상태 변화 과정에서 엔트로피가 늘어난다는 것을, 0보다 작으면 엔트로피가 줄어든다는 것을 뜻한다.)

즉 방의 절반에만 모여 있던 산소 분자가 시간이 지나 방 전체로 고르게 확산되는 과정에서 엔트로피의 증가량은 $Nk\log 2$로 0보다 크다. 산소 분자의 수로 10^{27}을 생각하면, 엔트로피는 이 과정에서 엄청나게 증가한다는 것을 알 수 있다. 거꾸로 고르게 퍼져 있던 산소 분자 모두가 방의 다른 쪽으로 옮겨갈 때의 엔트로피 변화량은 위에서 구한 변화량의 부호만 바뀌게 되므로 0보다 작은 $-Nk\log 2$이다. 우리가 지금 숨 쉬고 방 안에 살아 있을 수 있는 것은 바로 엔트로피 증가의 법칙 때문이다.

사실 아주 간단한 이야기다. 산소 분자가 지금 이 방에서 저 건너 쪽으로 다 몰려가지 않는 이유는 그렇게 될 확률이 워낙 낮기 때문일 뿐이다. 방 건너 쪽에 모두 모아놓은 산소 분자가 골고루 퍼지는 것은 퍼질 확률이 워낙 크기 때문이다. 사실 엔트로피 증가의 법칙을 문장으로 풀어서 표현하면 '일어날 확률이 아주 큰 사건은 반드시 일어날 수밖에 없다'는 의미이다.

곰곰이 생각해보면 이 말이 일종의 동어반복처럼 들린다는 것을 알 수 있다. 엔트로피 증가의 법칙은 그 자체로 자명해서, 미래에도 잘못된 것으로 판정될 여지가 전혀 없다. 비슷한 이야기를 아인슈타인도 한 적이 있다.

"아무리 과학이 발전해도 우리가 가진 과학 지식 중에 결코 잘못된 것으로 판정될 수 없는 것이 무엇입니까?"라는 질문에 아인슈타인은 "열역학"이라고 답했다. 나도 아인슈타인의 말에 동의한다. 고전역학과 양자역학의 방정식은 미래에 더 개선될 여지가 있을 수도 있다는 것을 나는 상상할 수 있지만, 열역학은 그렇지 않다. 에너지 보존 법칙인 열역학 제1법칙과 엔트로피 증가의 법칙인 열역학 제2법칙은 그 자체로 자명해서 아무리 물리학이 미래에 발전해도 잘못된 것으로 판정될 수는 없다.

그렇다면 엔트로피가 증가하는 현상에는 어떤 것들이 있을까? 엔트로피 증가의 법칙은 열역학에서 먼저 발견됐다. 뜨거운 물체와 차가운 물체를 붙여 놓으면 뜨거운 물체는 온도가 내려가고 차가운 물체는 온도가 올라가는 것은 엔트로피가 증가하는 현상이다. 앞에서 설명한 기체 분자의 확산도 마찬가지로 엔트로피가 증가하는 과정이다. 물건이 정돈된 방 안에서 눈을 감고 물건을 집어 여기저기 마구 던져서, 정돈된 방을 어지럽히는 것도 마찬가지다. 어질러진 상태라는 거시 상태에 해당하는 미시 상태의 수는, 말끔히 정돈된 거시 상태에 해당하는 미시 상태의 수보다 엄청나게 더 크기 때문이다. 깨끗하게 정돈된 방은 무얼 해도 더 어질러지고, 극도로 어지럽혀진 방은 엔트로피가 최댓값을 가져 아무리 물건을 더 집어던져도 더 어지럽힐 수 없다. 결국 방이 어질러질 수밖에 없는 것이 바로 엔트로피 증가의 법칙이다.

우리는 고립된 섬이 아니다

만일 뜨거운 물체와 차가운 물체를 붙여 놓았는데 뜨거운 물체가 더 뜨거워지고 차가운 물체가 더 차가워진다면 엔트로피가 감소하는 현상이 일어난 것이다. 그러나 그런 현상은 우리가 사는 세상에서는 볼 수 없다. 그렇다면 엔트로피는 어느 경우에나 항상 증가할까?

아니다. 엔트로피는 꼭 항상 증가하는 것이 아니다. 예를 들어보자. 앞에서 N개의 기체 분자가 방의 왼쪽 절반에 모여 있을 확률은 $\frac{1}{2^N}$임을 설명한 바 있다. 만약 N의 값이 아보가드로수 정도로 아주 크다면 이 확률은 무시할 수 있을 정도로 정말 작다. 하지만 만일 기체 분자가 딱 2개뿐이라면, 방의 왼쪽 절반에서 2개의 기체 분자 모두가 발견될 확률은 $\frac{1}{4}$이다. 2개의 기체 분자가 여기저기 마구잡이로 움직이고 있는 방의 모습을 스냅사진으로 찍을 수 있다면, 사진 4장 중 1장꼴로는 두 분자 모두가 왼쪽 절반에 있는 모습을 볼 수 있다는 뜻이다. 우리는 얼마든지 여러 장의 사진에서 분자 2개가 모두 왼쪽 절반에 있는 모습을 발견할 수 있다. 왼쪽 절반에 분자가 모두 들어 있는 거시 상태의 엔트로피가 왼쪽과 오른쪽 각각에 들어 있는 거시 상태의 엔트로피보다 더 작은 데도 말이다.

지금까지의 설명으로부터 엔트로피 증가의 법칙은 거시적인 크기의 시스템에서는 엄밀하게 성립하지만 입자가 몇 개 없는 미시적인 시스템에서는 그렇지 않다는 결론을 얻을 수 있다. 엔트로피는 항상 증가하는 것이 아니라 거시적인 시스템에서만 통계적으로 성립한다. 우리 눈에 보일 정도의 세상은 수 많은 입자로 구성되어 있다는 것을 떠올리면, 왜 우리가 일상에서 엔트로피가 줄어드는 것을 보기 어려운지도 쉽게 이해할 수 있다.

거시적인 크기의 시스템이라도 엔트로피가 항상 늘어나는 것은 아니라는 것도 중요하다. 엔트로피는 거시적인 크기의 시스템이 외부로부터 완벽히 고립되어 있을 때는 항상 늘어나지만, 고립되어 있지 않은 시스템이라면 엔트로피가 꼭 늘어날 이유는 없다. 아이가 방 안에서 눈감고 손에 잡히는 데로 물건을 이곳저곳으로 마구 던지면 방의 엔트로피는 늘어나지만, 아빠가 아이 몰래 방 안에서 아이가 던진 물건을 그때그때 다시 원래의 장소에 옮겨 놓으면 당연히 엔트로피가 늘어나지 않는다. 아빠 없는 방이 고립계에 해당한다고 생각하면, 고립계에서만 엔트로피가 늘어난다는 것을 쉽게 이해할 수 있다. 고립계가 아니라면 엔트로피는 얼마든지 줄어들 수도 있다. 그 대표적인 예가 바로 생명현상이다. 끊임없이 외부로부터 에너지와 정보를 받아들여야 생명체는 생명을 유지할 수 있다. 생명은 고립계가 아니므로 엔트로피 증가의 법칙에 영향을 받지 않는다. 얼마든지 외부로부터의 영향으로 자신의 엔트로피를 줄일 수 있는 존재가 바로 생명체다. 물론 생명체가 외부로부터 완전히 단절되어 고립계가 되면, 엔트로피는 늘어난다. 죽음에 이른 생명체는 외부로부터 더 이상 에너지와 정보를 받아들이지 않게 되고 결국 죽음 이후 엔트로피는 꾸준히 증가한다. 내 몸을 이루고 있는 모든 원자는 결국 공간에 흩어진다.

단세포에서부터 사람과 같은 복잡한 생명체가 출현하기까지 진화의 과정에서도 엔트로피가 줄어든 것으로 볼 수 있다. 그렇다고 해서 엔트로피 증가의 법칙이 잘못된 것이 아니다. 생명체는 고립계가 아니어서 얼마든지 엔트로피가 줄어들 수 있다. 물론, 진화의 과정에서 지구 위 생명의 엔트로피는 줄어들지만, 지구를 포함한 우주 전체의 엔트로피는 늘어난다. 고립계가 아닌 부분의 엔트로피 감소는 고립계라 할 수 있는 우주 전체의 엔트로피 증가와 모순되지 않는다는 것이 중요하다.

생명의 진화뿐 아니다. 우리 인간도 마찬가지다. 우리는 고립된 섬이 아니다. 우리는 주변의 사람들, 환경, 생명체와 끊임없이 관계를 맺으면서 서로 정보와 에너지를 교환하고 끊임없이 엔트로피를 줄여가며 생명을 유지하는 존재다. 아침에 일어나 먹은 맛있는 음식이 분해되어 내 몸의 구성 물질이 되어 가지런히 정돈되는 것도 엔트로피가 줄어드는 과정이고, 어제 읽은 책 덕분에 오늘 조금 더 알게 되었다면 이것도 엔트로피가 줄어드는 과정이다. 모든 연결이 멈춰 시간이 지날수록 엔트로피가 계속 늘어나는 상태가 곧 죽음이다. 살아 있는 모두는 외부와 연결되어 있고, 외부로부터 에너지와 정보를 받아들여 스스로 엔트로피를 줄이는 일을 늘 하고 있다.

거시적인 고립계의 엔트로피는 시간이 지나면서 늘어나 시스템은 결국 엔트로피가 최대인 거시 상태에 도달한다. 이 최종 거시 상태가 다른 거시 상태보다 일어날 확률이 아주 크기 때문이다. 우리가 매일 살아가는 거시적인 크기의 세상에서 시간이 흐르면 엔트로피가 증가하는 것을 늘 볼 수 있는 이유다. 하지만 항상 엔트로피가 증가하는 것은 아니다. 생명 진화, 경제 발전, 인류의 지식 누적과 같은 과정은 엔트로피가 증가하는 과정으로 보기 어렵다. 고립계가 아닌 열린계(외부와 서로 물질과 에너지를 주고받는 계)에서 일어나는 과정들이다.

서로에게 천천히 작용하는 관계의 소중함

우리는 서로 연결되고 소통하며 끊임없이 엔트로피를 줄이는 과정을 통해 삶을 이어간다. 서로 관계를 맺고 있는 둘 사이의 연결은 물리학에서는 상호작용에 해당한다. 두 물체 사이의 상호작용으로 인해 힘이 작용할 때 물체가 어떻게 움직이는지는 뉴턴의 운동방정식으로 설명할 수 있다.

고전역학은 뉴턴의 방정식 $F=ma$에서 출발해서 $F=ma$로 끝난다고 해도 과언이 아니다. 이 운동방정식으로부터 충격량과 충격력과 같은 물리량을 유도할 수도 있다. 날아오는 야구공을 야구방망이로 치는 동영상을 찾아보라. 야구방망이와 공은 짧은 시간(t)동안 접촉하고 이 시간 동안 야구방망이는 야구공에 힘(F)을 작용한다. 둘이 충돌하는 과정에서 작용하는 힘을 '충격력'이라고 하고, 충격에 의해 야구공의 운동량($p = mv$)이 변하는 정도를 '충격량(I)'이라고 하는데, 이를 통해 $I = Ft = \Delta(mv)$의 식을 얻게 된다. 이 식의 의미는 우리의 일상 경험으로 쉽게 이해할 수 있다. 충격력 F를 크게 해서 야구공을 세게 치면 충격량 I가 커지고, 따라서 야구공이 더 빨리(속도의 변화가 큼) 날아간다. 더 세게 치면 더 빨리 날아간다는 것은 우리 모두가 알고 있는 사실이지만 물리학은 둘 사이의 관계를 정량적으로 알려준다는 점에서 중요하다. 다른 얘기도 할 수 있다. 무거운 야구공을 같은 속도로 날아가게 하려면 m이 크므로 F도 커야 한다. 무거운 공이면 더 세게 쳐야 빨리 날아간다는 이야기다. 프로야구에서 이용하는 야구공의 규정이 바뀌어 공의 질량이 늘어나는 상황이 생긴다면 홈런이 얼마나 줄어드는지도 예측할 수 있다는 이야기다.

야구 경기를 구경하는 데 운 좋게 당신에게 홈런 볼이 날아오고 있다고 생각해보자. 흔히 공이 날아오면 반사적으로 손을 몸 앞으로 내밀었다가 몸쪽으로 팔을 움츠리며 받는다. 공이 오는데 거꾸로 팔을 앞으로 뻗으면서 공을 받는 사람은 아무도 없다. 왜 그럴까? 이것도 앞에서 설명한 식으로 쉽게 이해할 수 있다.

일정한 크기의 운동량(운동량은 야구공의 질량과 야구공의 속도를 곱해 $p=mv$로 적을 수 있다)을 가지고 날아오는 야구공은 결국 손으로 받게 되면 멈춘다. 야구공이 멈추는 과정에서 결국 야구공의 최종 운동량은 0이 된다. 똑같은 속도로 날아오는 야구공은 이 과정에서 똑같은 정도로 운동량이 줄어들어서, 팔을 앞으로 뻗으면서 받든 팔을 몸쪽으로 움츠리면서 받든 운동량의 변화는 똑같다. 그리고 $I=\Delta(mv)$이므로 충격량 I도 일정하다. 하지만 $I=Ft$이므로 야구공이 손에 닿는 접촉 시간 t를 늘리면, 손에 작용하는 충격력 F를 줄일 수 있다. 날아오는 야구공을 받을 때 우리가 하는 몸짓은 다 야구공과의 접촉 시간을 늘리기 위한 것이다. 깨닫고 했든 아니든 우리 몸은 이미 직관적으로 $F=ma$와 충격량 그리고 운동량의 관계를 알고 있는 셈이다.

자동차의 범퍼가 차체에 작용하는 충격을 줄이는 방식도 이와 똑같다. 조금만 생각해보면, 충돌할 때 어느 정도 찌그러지는 범퍼가 더 안전하다는 것도 알 수 있다. 단단한 범퍼가 전혀 움직일 수 없는 방식으로 부착된 자동차는 위험하다. 멈출 때까지의 시간이 짧아서, 충격력이 크고, 따라서 사람이 크게 다칠 수 있다. 권투 글러브가 폭신폭신한 이유도 마찬가지다. 권투 글러브를 끼고 상대 선수를 가격했을 때 권투 글러브가 폭신할수록 주먹이 멈출 때까지의 시간이 길어진다. 그러면 충격량 자체는 변화가 없지만, 상대방에게 전달되는 충격력은 충격이 지속되는 시간이 늘어나면 줄어든다.

비행기의 연착륙과 경착륙도 마찬가지다. 활주로에 착륙할 때, 비행기의 속도가 0이 될 때까지 걸리는 시간을 늘리는 것이 연착륙, 짧게 줄이는 것이 경착륙이다. 앞에서 소개한 충격량에 관련된 수식을 보면 이것도 금방 이해할 수 있다. 경착륙과 연착륙은 물리학의 고전역학에서 기원한 용어지만 요즘은 경제 현상을 이야기할 때도 널리 쓰인다. 경제지표의 변화가 천천히 일어나도록 조정하는 연착륙이 급격한 변화로 인해 사회가 큰 충격을 받는 것보다는 더 안전하다고 할 수 있다.

수많은 개인은 서로 영향을 주고받는다. 뉴턴의 제2법칙이 힘이 작용하는 물체의 운동에 대한 것이라면, 뉴턴의 제3법칙인 '작용-반작용의 법칙'은 서로 작용하는 힘에 대한 얘기다. a와 b라는 두 물체를 생각해보자. a가 b에 작용하는 힘이 있고 거꾸로 b가 a에 작용하는 힘이 있다. 이 두 힘이 서로 크기는 같고 방향은 반대라는 것이 작용-반작용의 법칙이다. 지구가 사과를 아래로 잡아당기는 힘이 있다면 거꾸로 사과가 지구를 위로 잡아 올리는 힘도 있을 뿐 아니라, 이 두 힘의 크기가 정확히 같다는 것을 뉴턴의 제3법칙이 알려준다. 이 상황에서 내가 학생들에게 자주 묻는 질문이 있다. 두 힘의 크기가 정확히 같은데 하필 왜 사과가 아래로 떨어질까? 지구가 사과를 향해 위로 떨어지면 안 되는 걸까?

뉴턴의 운동 법칙 $F=ma$를 이용하면 사과와 지구의 가속도의 비를 어렵지 않게 계산할 수 있다. 사과의 가속도를 a_1, 지구의 가속도를 a_2라고 할 때, 두 가속도의 비는 사과와 지구의 질량비와 역수 관계다[2]. 따라서 아주 가벼운 물체와 아주 무거운 물체가 똑같은 크기의 힘으로 상호작용을 하고 있다고 할 때 아주 무거운 물체의 가속도는 아주 가벼운 물체의 가속도보다 훨씬 작다. 지구와 사과의 가속도 비율을 둘의 질량의 비를 이용해 계산해보면 사과의 가속도는 지구의 가속도에 비해 무려 10^{25}배 더 크다. 10^{25}라는 숫자는 1 다음에 0을 25개를 적을 만큼 큰 숫자다. 사과의 가속도가 지구의 가속도보다 훨씬 크다는 것을 알 수 있다. 지구의 가속도가 사과의 가속도보다 훨씬 작아서, 우리는 지구의 움직임을 결코 눈치챌 수 없다. 중요한 것은 사과가 지구를 향해 떨어질 때, 지구도 사과를 향해 떨어진다는 것이다. 지구가 사과를 향해 떨어지는 가속도와 속도가 너무나도 작고도 작아서 어떤 측정 장치로도 측정할 수 없을 정도로 작을 뿐이다.

비슷한 다른 얘기도 있다. 5,000만 명이 넘는 우리나라 사람들이 모두 손을 잡고 하나, 둘, 셋 숫자를 세고는 1m 높이에서 동시에 아래로 뛰어내리면 지구가 흔들릴까? 이것도 마찬가지다. 우리나라 사람들의 몸무게를 다 더해 봤자 지구의 전체 질량에 비하면 턱도 없이 작다. 이때 당연히 지구가 흔들린다. 단지 지구가 흔들리는 정도가 측정할 수 없을 정도로 너무나도 작을 뿐이다. 작용-반작용의 법칙은 항상 성립한다. 둘 사이의 힘은 크기가 정확히 같다. 하지만 우리 눈에는 둘 중 하나만 움직이는 것으로 보일 때가 많다. 바로 움직이는 쪽의 질량이 멈춰 있는 것으로 보이는 물체의 질량보다 훨씬 작을 때다.

작용-반작용의 법칙을 이용하면 운동량보존법칙을

유도할 수 있다. 두 물체 각각에 대해 운동방정식을 적으면 $F_{12} = m_1 a_1$, $F_{21} = m_2 a_2$인데, 작용-반작용 법칙에 의해서 물체 2가 물체 1에 미치는 힘 F_{12}는 1이 2에 미치는 힘 F_{21}과 크기가 같고 방향은 반대다. 따라서 $F_{21} = - F_{12}$가 된다. 위의 두 운동방정식을 더하면, $m_1 a_1 + m_2 a_2 = 0$을 얻고, 가속도가 속도의 미분이라는 것을 이용하면 결국 $\frac{d}{dt}(m_1 v_1 + m_2 v_2) = 0$의 식을 얻는다. 운동량 $p = mv$이므로, 결국 우리는 두 물체의 운동량의 합 $p_1 + p_2$이 일정한 상수여서 항상 같은 값으로 유지된다는 것을 알 수 있다. 이것이 바로 운동량 보존 법칙이다. 두 물체가 충돌하기 전이나 충돌한 다음이나 두 물체의 운동량의 합은 정확히 같은 값으로 유지된다. 정지한 당구공을 다른 당구공으로 정확히 한가운데를 맞히면, 정지해 있던 당구공은 처음에 움직이고 있던 당구공과 같은 속도로 움직이게 되고, 움직이던 당구공은 충돌 후 그 자리에 멈춰선다. 이것도 운동량 보존 법칙으로 쉽게 이해할 수 있다.

작용-반작용은 과학이지만, 비과학적인 상상을 자극하기도 한다. 우리 사회에서 사람들이 함께 살아가면서 내가 다른 사람에게 미치는 영향은 그 사람이 내게 미치는 영향과 어쩌면 같은 크기일지도 모르겠다. 서로 주고받는 영향이 같은 강도라도 누구는 만남으로 더 큰 영향을 받기도 하는 것은 어쩌면 각자가 가진 마음의 질량의 차이일지도 모르겠다는 생각을 해봤다. 옷깃만 스쳐도 인연이라지만, 옷깃 스치는 인연으로 만들어진 삶의 변화는 두 사람에게 많이 다를 수 있다. 마음의 질량이 깃털같이 가벼운 사람이 다른 이의 어려움에 더 깊게 공감하는 것일 수도 있겠다.

대칭으로 본 세상의 아름다움

물리학자들은 물리학이 아름답다는 이야기를 종종 한다. 물리학의 아름다움은 단순함에 있다. 물리학보다 세상이 훨씬 더 복잡하다. 물리학의 수식은 복잡하고 어려워 보이지만, 실은 이 세상에서 일어나는 온갖 다양한 현상을 몇 개의 수식만으로 설명해낸다는 점에서 단순하고 깔끔하다. 복잡한 세상을 가능한 한 단순하게 이해하려는 시도가 바로 물리학이다. 서로 다르다고 생각했던 현상을 하나로 관통하여 통합된 이해에 도달할 때 우리는 강렬한 지적 기쁨을 얻는다. 아마도 오래 수련한 스님이 득도할

뉴턴이 발견한 물리학의 아름다움

때의 느낌이 혹시 이런 것이 아닐까 할 정도로, 불투명해 보이던 모든 것들이 어느 순간 투명해져 명징한 이해에 도달할 때 느끼는 지적인 짜릿함이다. 물리학자들이 물리학이 정말 아름답다고 느끼는 순간이다.

　다음은 뉴턴의 『자연철학의 수학적 원리』에 있는 그림이다. 지구가 동그랗게 있고, 산꼭대기에서 물체를 던진다. 물체를 점점 더 빨리 던지면 어떻게 될까? 땅에 닿을 때까지 물체가 이동한 거리가 멀어지다가 결국은 지구를 한 바퀴 돌아 원래의 위치에 닿을 수도 있게 된다. 이 그림은 '지구의 표면 근처에서 물체를 던졌을 때의 포물선 운동이 물체가 지구 주위를 공전하는 운동과 다를 게 없는 것이 아닐까?'라는 생각으로 우리를 이끈다. 바로 뉴턴이 중력 법칙을 발견했을 때 한 생각이다. 뉴턴의 중력 이론은 지표면 근처의 포물선 운동과 달의 공전운동을 하나의 통합적인 사고의 틀 안에서 이해할 수 있게 해주었다. 이처럼 여러 자연현상을 관통하는 통합적인 이해에 도달할 때, 물리학자는 물리학이 아름답다고 느낀다.

피타고라스는 세상 모든 것의 근원이 수라고 주장한 고대 그리스의 철학자다. 그는 우리 귀에 서로 어울려 조화롭게 들리는 두 음 사이에도 간단한 숫자로 표현되는 관계가 있다는 것을 알아냈다. 플라톤은 나아가 5개의 3차원 정다면체를 이용해 기하학적 원리로 구성된 우주를 생각하기도 했다. 지상계와 천상계를 구성하는 모두 다섯 종류의 원소가 기하학적인 근원을 가진다는 주장이었다. 이처럼 자연 안에 수학적인 구조가 존재한다는 그리스 철학자의 생각은 이후에도 계속 이어졌다. "자연이라는 책은 수학이라는 언어로 적혀 있다"고 이야기한 갈릴레오도 마찬가지라고 할 수 있다. 갈릴레오 이후에는 수학의 정량적인 방법이 우주를 이해하는 데 필수적이라는 데 많은 과학자들이 공감하기 시작했다. 뉴턴의 물리학은 더 놀랍다. $F=ma$라는 한 줄의 수식으로 우리는 태양 주위 행성들이 어떻게 움직이는지, 천왕성에 우주선을 보내려면 어떻게 해야 할지와 같은 다양한 종류의 운동을 이해하고 이용할 수 있게 되었다.

현대물리학도 자연현상의 배후에 있는 수학적인 구조에 깊은 관심을 가진다. 특히 현대물리학에서 수학적인 대칭성이 큰 역할을 하고 있다. 어떤 대상을 특정한 방식으로 변환했는데 아무런 변화가 없을 때 물리학자들은 그 대상을 두고 "대칭성이 있다"고 한다. 예컨대 정사각형은 가운뎃점을 기준으로 해서 90도 돌려도 똑같은 모습이다. 이럴 때 물리학자들은 정사각형이 90도 회전에 대해서 대칭성이 있다고 말한다. 원은 얼마의 각도를 돌리더라도 항상 똑같은 모양이어서 회전에 대한 연속적인 대칭성이 있다. 2차원 평면에서 원만이 이러한 놀라운 대칭성을 보여준다. 인류 역사에서 많은 사람이 원을 완벽한 도형이라고 생각한 이유다.

2강에서 자세히 소개한 프톨레마이오스의 지구 중심 체계에서도 지구 주위를 도는 모든 천체의 궤도는 원이어야 한다는 것은 당연한 진실로 받아들여져 어느 누구도 의심하지 않았다. 코페르니쿠스도 태양이 우주의 중심이라는 것은 받아들였지만 모든 천체는 원운동을 해야 한다는 것은 포기하지 못했다. 원운동에 대한 집착을 극복한 이가 바로 케플러다. 케플러는 모든 천체가 원운동을 한다는 데 대한 근거가 약하다는 것을 깨닫고 천체의 원운동을 포기했다. 케플러가 타원 궤도를 받아들인 이후에서야 간단한 방식으로 천체 운동을 이해할 수 있게 되었다.

대칭성은 기하학적인 도형뿐 아니라 물리학의 수식에서도 찾을 수 있다. 뉴턴의 운동 법칙 $F=ma$를 보면 시간의 방향을 거꾸로 돌리는 것에 대해서 대칭성이 있는 것을 알 수 있다. 가속도 a는 물체의 위치를 시간에 대해 두 번 미분한 것이어서, 시간 t를 $-t$로 방향을 바꿔도, 가속도는 아무런 변화가 없기 때문이다. 즉 뉴턴의 운동 법칙을 따르는 물체의 움직임을 동영상으로 찍고 그 동영상을 시간을 거꾸로 돌려 보아도 우리는 아무런 차이를 느낄 수 없다는 뜻이다. 시간의 방향이 바뀌어도 아무런 차이가 없어서 뉴턴의 운동 법칙은 '시간 되짚음 대칭성Time Reversal Symmetry'이 있다. 하지만 우리가 사는 일상의 세상은 그렇지 않다. 왜 우리가 사는 거시적인 세계에서는 시간 되짚음에 대한 대칭성이 깨져 있을까? 오랜 기간 물리학자들을 괴롭힌 이 질문에 대한 답을 준 것이 바로 볼츠만의 엔트로피다. 거시적인 세상에서 엔트로피가 증가하는 방향이 바로 '시간의 화살'이 향하는 곳이다.

현대물리학에서는 다른 대칭성도 발견된다. 물리학자이자 수학자인 에미 뇌터 Emmy Noether는 '물리 법칙이 어떤 변환에 대해 대칭성이 있다면 그 대칭성에 대응해 보존되는 양이 있다'라고 했다. 이를 뇌터 정리Noether's Theorem라고 한다. 대칭성이 있다면 보존법칙을 발견할 수 있고, 보존법칙이 있다면 대칭성을 발견할 수 있다. 이런 의미에서 대칭성과 보존법칙의 관계는 현대물리학을 발전시키는 아주 중요한 원동력이다. 물리법칙은 '시간 옮김'에 대해서 대칭성이 있다. 즉 우주 전체에 대해서 물리법칙은 어제와 오늘 그리고 내일을 구별하지 않는다. 물리법칙의 시간 옮김 대칭성에 대응해 보존되는 양은 우주 전체의 에너지이다. 시간의 옮김 대칭성과 우주의 에너지 보존이 서로 관계가 있다는 것을 뇌터의 정리가 알려준다. 마찬가지로, 공간 옮김 대칭성은 운동량이 보존됨을, 돌림 대칭성은 각운동량이 보존됨을 알려준다.

제임스 맥스웰James Maxwell은 대칭성만을 이용해서 새로운 물리법칙을 발견한 최초의 현대물리학자다. 이전에 알려진 전기와 자기 현상을 기술하는 방정식을 유심히 살핀 맥스웰은 전기장과 자기장 사이에 대칭성이 존재하려면 당시 알려진 방정식에 추가로 항이 더 있어야 한다는 결론에 도달했다. 대칭성에 대한 생각만으로 올바른 방정식을 찾아낸 놀라운 직관이었다. 이후에 정말로 맥스웰이 생각해낸 항이 방정식에 존재해야 한다는 것이 실험으로 확인되었다. 이론에 대칭성을 요구하는 것만으로 새로운 물리법칙을 찾아낸 것이다. 이후 전자기 현상을 기술하는 4개의 방정식을 모아서 우리는 맥스웰 방정식이라고 부른다. 아인슈타인이 특수상대성이론을 제안하게 된 계기도 맥스웰 방정식에 존재하는 대칭성에 대한 생각 덕분이었다. 등속으로 운동하는 모든 관찰자에게 똑같은 물리법칙이 성립한다는 것이 로런츠 변환Lorentz Transformation에 대한 대칭성이다. 아인슈타인은 맥스웰 방정식이 로런츠 변환에 대해서 불변이어야 한다는 생각을 이어가 특수상대성이론을 발견하게 되었다.

특수상대성이론에는 두 가지 중요한 가정이 있다. 먼저 등속으로 움직이는 모든 관찰자는 똑같은 물리법칙을 관찰해야 한다는 로런츠 변환에 대한 대칭성이 첫 번째 가정이다. 두 번째 가정은 등속으로 움직이는 관찰자 누구에게나 빛의 속도는 일정하다는 것이다. 로런츠 대칭성과 일정한 빛의 속도라는 두 가정만으로도 우리는 움직이는 사람에게는 시간이 더 느리게 간다는 것을 아래와 같이 증명할 수 있다.

기차 칸의 천장에는 거울이, 바닥에는 레이저 포인터가 붙어서 고정되어 있다. 움직이는 기차 안에 타서 기차와 함께 움직이는 사람에게는 당연히 거울과 레이저 포인터가 제자리에 정지해 있는 것으로 보인다. 이 사람이 보면 빛은 아래의 레이저 포인터에서 출발해 천장의 거울에 반사한 다음, 다시 바닥에 도달한다. 바닥과 천장 사이의 거리가 d라면, 빛이 왕복하는 데 걸린 시간은 $\frac{2d}{c}$가 된다. 이 시간의 절반을 Δt라고 하면, $\Delta t = \frac{d}{c}$이다.

같은 실험을 이번에는 v의 속도로 움직이는 기차 밖에서 가만히 서 있는 사람의 입장에서 살펴보자. 바닥에 놓인 레이저 포인터에서 처음 출발한 빛이 천장에 붙은 거울에 닿을 때까지 이 사람은 기차가 철로를 따라 이동하는 것을 보게 된다. 다음에 나오는 그림에서 오른쪽 위 방향을 향한 화살표가 바로 이 사람이 보는 빛의 경로다. 빛이 천장의 거울에 반사한 다음에 다시 바닥으로 돌아오는 경로는 이제 오른쪽 아래를 향하는 화살표가 된다.

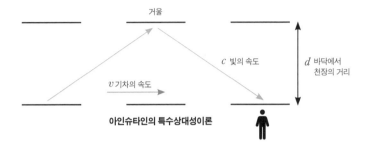

아인슈타인의 특수상대성이론

두 화살표는 이등변 삼각형의 두 변이 되고, 빗변의 길이는 피타고라스의 정리를 이용해 쉽게 구할 수 있다. 기찻길에서 정지한 사람이 재는 빛이 바닥에서 천장까지 진행할 때 걸린 시간을 $\Delta t'$라고 하면, 이등변 삼각형 왼쪽 절반의 직각 삼각형의 빗변의 길이는 바로 $\sqrt{(v\Delta t')^2 + d^2}$이고, 빛이 c의 속도로 이동하므로, 거리는 $c\Delta t' = \sqrt{(v\Delta t')^2 + d^2}$을 얻게 된다. 이 식을 정리하고 앞에서 유도한 $\Delta t = \dfrac{d}{c}$를 이용하면, $\Delta t' = \dfrac{\Delta t}{\sqrt{1 - v^2/c^2}}$을 얻게 된다. 즉 움직이는 관찰자가 잰 시간 Δt이 기차 안에서 정지한 레이저 포인터와 거울을 보는 관찰자가 잰 시간 $\Delta t'$보다 더 느리게 간다는 결과다. "등속으로 움직이는 관찰자라면 빛의 속도는 누가 봐도 동일하다"는 가정이 위의 계산에서 어떻게 이용되었는지는 쉽게 찾아볼 수 있다. 기차 안에 함께 타서 움직이는 사람이 본 빛의 속도, 기차의 밖에서 땅 위에 정지한 사람이 본 빛의 속도, 이 두 속도를 모두 c 라고 한 것이 바로 그 가정이다.

시간 지연 효과에 대한 이야기를 들은 사람 중에는 특수상대성이론의 의미를 오해하는 사람들도 있다. 특수상대성이론의 가장 중요한 의미는, 등속으로 움직이는 모든 관찰자에게 물리법칙과 빛의 속도는 정확히 동일하다는 것이다. 그리고 이처럼 물리법칙과 빛의 속도가 누구에게나 똑같아야 한다는 조건을 적용하면 움직이는 사람이 보는 시간과 거리가 달라질 뿐이다. 특수상대성이론은 모든 것이 상대적이라는 의미가 아니다. 보는 사람에 따라 시간과 거리가 달라진다는 것은 부차적이고, 더 중요한 것은 누가 보아도 물리법칙이 동일하다는 사실이다.

아인슈타인은 "우주에서 가장 이해가 불가능한 일은 바로 우리가 우주를 이해할 수 있다는 사실이다"라고 했다. 물리학의 법칙들은 왜 대칭성을 가져야 하는가? 이처럼 단순한 물리법칙이 이렇게 복잡한 우주를 이해하는 데 도움이 될 수 있는 이유가 무얼까? 우주는 왜 간단한 수식으로 설명되는 걸까? 이 근본적인 물음들에 대해서 물리학자들도 사실 답을 모른다. 하지만 우주가 단순한 물리법칙으로 설명될 수 있다는 것을 인간이 계속해서 발견하고 있다는 것은 사실이다. 인간의 제한적인 이성이 찾아낸 단순한 물리법칙으로 인간이 우주를 이해할 수 있다는 것 자체는 경이롭고 감동적인 일이라는 것이 많은 물리학자의 생각이다.

인간은 대칭적인 모습을 더 아름답다고 느낀다고 한다. 자연에서 대칭성을 볼 때 인간이 오래 느껴온 아름다움의 확장이 바로, 현대 물리학자가 자연에서 발견한 수학적인 대칭성에 대한 경이로움이라고 할 수 있다. 자연의 대칭성에서 아름다움을 발견해온 과학의 역사는 앞으로도 계속될 것이다.

통계물리학은 많은 구성 요소가 서로
상호작용할 때, 전체적으로 어떤 거시적 특성이
나타나는지를 연구하는 '관계의 과학'이다.
통계물리학으로 해결할 수 있는
궁금증들에는 또 무엇이 있을까?
그리고 수많은 '나'가 서로 연결되어 만들어내는
'우리'가 어떤 의미가 있을까?

A

4강　✕

모습

나의 모양은 어떻게 결정되는가

우리가 왜 천체처럼
동그랗지 않은지
물리학은 많은 것을
말해준다.

동그란 것과 동그랗지 않은 것

'해와 달은 동그란데 사람은 왜 동그랗지 않을까?' 누구나 당연하다고 생각하는 세상의 모습 중 하나지만 당연한 세상의 모습에도 그 근본적인 이유를 생각해보는 것이 물리학이다. 익숙하다고 해서 우리가 그 과학적 근거를 알고 있는 것은 아니기 때문이다. 2강에서 소개한 아리스토텔레스의 세계관에서는 이 질문에 대한 답이 명확했다. 즉 해와 달은 완벽한 천상계에 있고 사람은 지상에서 땅에 발붙여 살아가는 존재이기 때문이라고 답했을 것이 분명하다. 완벽한 세상인 천상계의 모든 것은 3차원에서 회전 대칭성이 가장 좋은 구 모양이 자연스럽다. 3차원에서 오직 둥근 구만이 중심을 통과하는 임의의 회전축에 대한 임의의 각도의 회전에 대해 변하지 않는 모습을 가졌다. 이는 아리스토텔레스의 세계관 안에서는 천체가 왜 둥근지에 대한 자명하고 당연한 답이지만, 문제가 있다. 제대로 된 답이 아니기 때문이다.

망원경을 이용하면 과연 천상에 있는 모든 것이 둥근지, 그렇지 않은지 확인할 수 있다. 갈릴레오는 자신이 직접 제작한 망원경으로 천체를 관찰해 어떤 천체는 완벽한 구의 모습이 아니라는 것을 발견하게 된다. 맨눈으로 보면 달은 티 하나 없는 완벽한 둥근 구로 보인다. 하지만 망원경으로 보면 높고 낮은 지형이 달 표면에 펼쳐져 있는 것을 볼 수 있다. 갈릴레오에게 토성은 마치 2개의 귀가 옆에 붙어 있는 모습으로 보였다. 배율이 그리 높지 않은 망원경이어서, 토성과 토성의 테가 딱 붙어 있는 모습으로 보였기 때문이다. 어쨌든 토성도 완벽한 구의 모습은 아니라는 것은 망원경으로 확실해졌다.

갈릴레오는 망원경으로 목성을 관찰하며 더 놀라운 사실을 발견하게 된다. 맨눈으로는 누구도 보지 못했던 4개의 별을 목성 근방에서 새로 발견했다. 게다가 매일 관측을 이어가면서, 이 네 별이 목성을 중심으로 원운동을 한다는 것도 알게 되었다. 사람들은 정말 놀라워했다. 당시의 지구 중심 체계에 따르면 천상의 모든 천체는 원운동을 하고, 그 원운동의 중심은 지구라고 믿어왔기 때문이다. 우주의 모든 것은 지구를 중심으로 운동한다는, 누구도 의심하지 않았던 당대의 진리에 반하는 최초의 반례를 발견한 것이다. 아리스토텔레스의 세계관과 프톨레마이오스의 지구 중심 체계에 대한 명확한 반증의 증거였다.

　　망원경으로 자신이 처음 발견한 목성 주위 4개의 새로운 별을 갈릴레오는 당시 이탈리아 피렌체 지역을 지배했던 메디치가에 헌정했다. 최초의 발견자로서 자신이 별의 이름을 정할 수 있는 작명의 권한이 있다고 생각해 '메디치의 별'이라고 부르자고 제안했다. 그러나 시간이 흐른 지금, 우리는 이 4개의 천체를 '메디치의 별'이 아니라 '갈릴레오의 네 달4 Galilean Moons'이라고 부른다. 발견자가 스스로 제안한, 당시 엄청난 권력과 재산을 가졌던 메디치가 아닌 발견자 갈릴레오의 이름으로 부르고 있다. 과학이 정치보다 생명이 길다.

　　지금까지 발견된 목성의 위성은 80개 정도로 상당히 많다. 하지만 작은 망원경으로 누구나 쉽게 지구에서 볼 수 있는 위성은 '갈릴레오의 네 달'뿐이다. 나도 중학생 시절 작은 반사 망원경으로 매일 목성 주변의 네 위성을 모 눈종이에 그리면서 위치가 변하는 것을 관찰하기도 했다. 갈릴레오가 발견한 네 위성 각각은 이오Io, 유로파Europa, 가니메데Ganymede, 칼리스토Callisto라고 불린다. 그리스 로마 신화에서 이 이름들의 공통점을 찾을 수 있다. 신화에 등장하는 신들의 신, 모든 신의 우두머리가 바로 제우스인데 로마에서는 제우스를 유피테르라 불렀다. 바로 목성의 영어 명칭인 주피터Jupiter다. 목성 위성의 이름으로는 제우스와 관련 있는 그리스 로마 신화의 등장인물 이름이 가장 잘 어울린다고 생각했고, 그렇게 네 위성의 이름이 정해졌다. 그리스 로마 신화를 보면 여신 헤라와 혼인한 제우스의 엄청난 바람기에 관련된 얘기가 많이 나온다. 이오, 유로파, 가니메데, 칼리스토 모두 제우스가 연정을 느낀 혼외 연애의 상대였다. 이오, 유로파, 칼리스토는 여성이지만, 가니메데는 남성이라는 것도 의외였다. 제우스는 남성, 여성 모두에게 성적 매력을 느끼는 양성애자였던 모양이다.

내가 어릴 때 작은 망원경으로 지구에서 본 목성의 네 위성은 작은 점으로 보였다. 크기도 작은 데다 우리로부터 멀리 있어 어떤 모습인지 알아보기 어렵다. 물론 우리는 이 네 위성의 모습을 이제 잘 알고 있다. 네 위성 모두 거의 동그란 구의 모습을 하고 있다. 과거의 아리스토텔레스 세계관에서 천상의 모든 천체가 하나같이 둥근 구의 모습일 것으로 예상한 것과 일치하는 모습이기도 하다. 한 번 생각해보라. 우리가 아는 대부분의 천체는 하나같이 둥근 모습이다. 해와 달, 지구, 그리고 화성, 목성, 토성 등의 사진을 봐도 그렇고, 갈릴레오의 네 위성도 마찬가지다.

하늘에는 둥근 것이 정말 많다. 하지만 꼭 그런 것은 아니다. 상당히 많은 위성을 거느린 목성과 달리 화성에는 알려진 위성이 2개 있다. 포보스Phobos와 데이모스Deimos 다. 어릴 적 읽은 과학소설에 등장해서 내가 아직도 기억하는 이름이다. 두 위성의 사진을 찾아보면 둘 다 동그란 모습이 아니라는 것을 알 수 있다. 마치 찌그러진 감자 같은 모습이다. 이처럼 우주의 천체 중에는 둥근 구 모습이 아닌 것도 있다. 심지어 2017년에는 긴 막대 모양의 소행성1I/2017 U1 오우무아무아Oumuamua가 발견되기도 했다. 이 소행성의 이름은 하와이말로 '아주 먼 곳에서 온 첫 메신저'라는 뜻이라고 한다. 또 일본의 하야부사 2호가 방문해 흙을 채취한 소행성 류구龍宮도 완벽한 구의 모습과는 거리가 있다. 그렇다면 둥근 천체와 둥글지 않

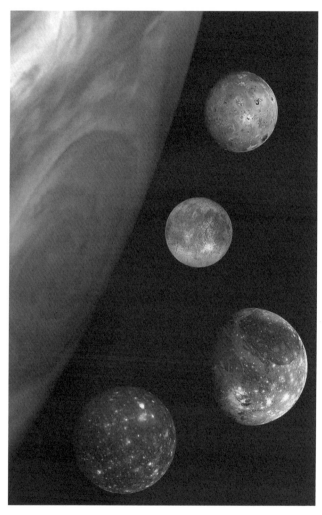

목성의 여러 위성 중 크기가 큰 갈릴레오의 네 달

은 천체, 둘의 차이는 왜 생기는 것일까?

위성 하나를 생각해보자. 위성의 내부에서는 중력과 전자기력이 경쟁하고 있다. 중력은 위성의 중심을 향해 안쪽으로 입자를 잡아당기는 힘이다. 만약 위성 내부 물질 사이에 작용하는 힘이 중력뿐이라면, 모든 입자는 위성 중심 부피가 0인 한 점으로 모이게 된다. 물론 이런 일은 생기지 않는다. 물체 사이의 거리가 가까워지면 서로 밀어내는 전자기력이 점점 더 커져 중요해지기 때문이다.

모든 물질은 원자로 구성되어 있다. 원자는 원자핵과 크기가 0인 전자로 이루어져 있다. 원자핵에서 가장 먼 거리에 있는 전자까지의 거리는 무척 커서, 원자의 안쪽은 거의 빈 공간이다. 지금 키보드의 자판을 누르는 내 손가락도, 키보드의 자판도 거의 비어 있다고 할 수 있는 원자로 구성되어 있다. 그런데도 손가락이 스르륵 자판을 뚫고 지나가지 못하는 이유는 무엇일까? 빈 공간이나 다름없는 원자들로 이루어진 두 물체가 점점 가까워지면 원자 각각의 가장 바깥에 있는 전자가 먼저 서로 만난다. 내 손가락을 구성하는 원자에 있는 전자든, 키보드 자판을 구성하는 원자에 있는 전자든, 모든 전자는 음의 값을 갖는 같은 크기의 전하량을 가진다. 전하가 음의 값으로 부호가 같아서, 전자들은 서로 밀어내는 힘이 작용하게 된다. 내 손가락이 자판을 스르륵 영화 속 유령처럼 통과하지 못하는 이유는 바로 물질을 구성하는 원자가 가까워지면 먼저 원자의 바깥쪽에 있는 전자가 만나 서로 밀치기 때문이다. 중력으로 인해 위성을 구성하는 물질들이 서로 뭉치더라도 어느 이상 위성의 부피가 더 줄어들지 못하는 이유는 서로 밀치는 전자들 사이의 전기적인 힘 때문이다.

과거 우리나라 교육과정에서 위치에너지라고도 불렀던 퍼텐셜에너지Potential Energy는 다른 형태의 에너지로 바뀔 수 있는 잠재적 에너지라는 뜻이다. 예를 들어, 손에 들고 있는 물체를 놓으면 땅으로 떨어지면서 점점 빨라진다. 즉 손에 들고 있던 물체가 가지고 있던 어떤 잠재된 에너지가 물체의 운동에너지로 바뀐 셈이고, 처음 물체가 가지고 있던 에너지가 바로 중력에 의한 퍼텐셜에너지이다. 물체가 떨어지는 과정에서 물체의 퍼텐셜에너지는 줄어들고 운동에너지는 늘어나지만, 이 둘을 더한 전체 에너지는 일정하게 유지된다. 물체가 움직여서 최종적으로 도달하는 상태는 많은 경우 퍼텐셜에너지가 가장 최소가 되는 상태다. 손에서 놓은 물체가 아래로 떨어지는 이유나 위에서 아래로만 흐르는 물 모두 그 과정에서 퍼텐셜에너지가 줄어들기 때문이다.

마찬가지로 중력에 의한 퍼텐셜에너지를 생각하면 커다란 위성이 둥근 이유도 쉽게 설명할 수 있다. 물체가 크면 스스로 만들어내는 중력도 크기 때문에 큰 물체의 모습은 주로 중력에 의해 결정된다. 위성의 중심에서 가까운 곳에 물질이 있을수록 중력에 의한 퍼텐셜에너지가 작고, 모든 물질은 퍼텐셜에너지가 작은 위치에 있으려는 경향이 있다. 앞에서 설명한 전자기력에 의한 밀치는 힘으로 한 점에 모든 물질이 모여 있는 것도 불가능하다. 결국 커다란 위성은 둥근 공 모양일 때가 중력에 의한 퍼텐셜에너지가 가장 낮게 된다. 커다란 둥근 공 모양의 위성에 높은 산이 마치 뿔처럼 삐죽하게 아주 높게 솟아 있는 모습은 안정적인 모습이 아니다. 중력을 버티지 못해 높은 산이 무너지고, 산을 구성했던 물질들도 둥근 공 모양의 위성 위에서 중심에 가능한 가까운 위치로 널리 표면을 따라 흩어지는 상태가 안정된 모습이다.

이처럼 커다란 위성이 둥근 공 모양인 이유는 중력 때문이다. 작은 위성은 다르다. 둥그런 공 모양일 필요가 없다. 물론 처음에 누군가가 둥근 모습으로 잘 빚어 놓았다면 둥근 모습을 유지할 수 있는 것은 분명하다. 하지만 위성이 형성되는 자연적인 과정에서, 중력으로 서로 가까워져 한 덩어리가 된 물질의 양이 적다면 얼마든지 찌그러진 감자 같은 모습이거나 삐쭉삐쭉한 형태를 유지할 수 있다. 이유도 간단하다. 중력이 크지 않기 때문이다. 중력 때문에 큰 위성은 둥글고, 작은 위성은 둥근 모습이 아닌 채로 그 모습을 유지한다.

중력과 전기력을 이용해 왜 커다란 위성이 둥근 모양인지를 설명한 것과 똑같은 방식으로, 작은 이슬방울은 동그란데 농구공만 한 물방울은 왜 세상에 없는지도 설명할 수 있다. 작은 물방울은 말 그대로 작아서 중력의 영향을 크게 받지 않고 전기력의 영향을 주로 받는다. 물 분자 하나는 전기적으로 중성이지만, 물 분자가 서로 가까워지면 서로 잡아끄는 힘이 생긴다. 그 근원도 결국은 전기력이다. 물방울을 구성하는 물 분자들은 서로 가까이 있는 것을 좋아한다. 전기력에 의한 물방울 전체의 퍼텐셜에너지가 가장 낮은 모습이 바로 둥근 모양이다. 작은 물방울이 둥근 이유다. 커다란 위성이 둥근 이유를 중력에 의한 퍼텐셜에너지로 설명한 것과 같다.

커다란 위성의 모습은 중력이 결정하고 작은 물방울의 모습은 전기력이 결정한다. 둘은 물론 다른 힘이지만,

각각의 힘에 의한 퍼텐셜에너지가 가장 작은 값이 되려면 둥근 모습이어야 한다는 이유로 큰 위성도 둥글고 작은 물방울도 둥글다. 다음에는 커다란 물방울의 모습을 생각해보자. 우리가 사는 중력장 안에서 물방울이 커지면 이제 중력의 영향이 아주 중요해진다. 물 분자들이 하나같이 바닥에 납작하게 낮게 깔려 있을 때가 중력에 의한 퍼텐셜에너지가 가장 작은 값이 되는 상황이다. 큰 물방울은 전기력보다는 중력의 영향을 더 크게 받고 따라서 둥근 모습을 유지하지 못해 바닥에 퍼지게 된다. 작은 물방울이 둥근 이유, 큰 위성이 둥근 이유를 물리학에서의 전기력과 중력, 그리고 퍼텐셜에너지를 이용해서 우리는 쉽게 이해할 수 있다.

어린 왕자가 사는 소행성의 비밀

『어린 왕자The Little Prince』의 멋진 표지 그림을 한번 살펴보자. 여기에는 물리법칙을 거스르는 몇 가지 오류가 있다.

표지에 어린 왕자가 작은 행성 위에 서 있다. 그림에 보이는 어린 왕자의 키로 짐작해보면, 행성의 반지름은 아무

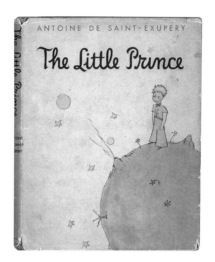

앙투안 생텍쥐페리의 『어린 왕자』 초판본 표지

리 커도 기껏 몇 m 정도로 보인다. 누군가가 처음에 애써서 동그란 모습으로 행성을 인위적으로 만든 것이 아니라면 그림처럼 동그란 모습일 리가 없다. 첫 번째 오류다.

그 행성에는 활화산도 보인다. 화산 분출과 같은 화산활동이 가능하려면 행성 내부에 마그마와 같은 고온의 액체 상태에 가까운 물질이 있어야 한다. 하지만 작은 행성일 경우에는 고온의 물질이 처음 존재했어도 아주 빠르게 급격히 온도가 낮아져 딱딱하게 굳을 수밖에 없다. 이유가 있다.

물체가 내부에 가지고 있는 에너지는 그 물체의 부피에 비례한다. 또 물체가 외부로 빼앗기는 에너지는 물체가 주변에 맞닿아 있는 표면적에 비례한다. 즉 반지름이 a인 행성은 a^3에 비례하는 에너지를 내부에 가지고 있는데 이 행성은 외부로 단위 시간당 a^2에 비례하는 에너지를 빼앗긴다. 따라서 행성이 가지고 있는 에너지를 모두 바깥에 빼앗기는 데 걸리는 시간을 T라 하면 그 시간 동안 빼앗긴 전체 에너지는 Ta^2에 비례하고, 이 값이 처음 가지고 있던 a^3에 비례하는 에너지와 같아지면 행성이 가지고 있던 에너지가 바깥으로 모두 유출되어 행성 온도가 주변의 온도로까지 떨어진다. 즉 $Ta^2 \propto a^3$이므로 $T \propto \dfrac{a^3}{a^2} = a$이고, 따라서 반지름 a가 큰 행성일수록 낮은 온도에 도달할 때까지 더 오랜 시간이 걸린다는 것을 알 수 있다.

거꾸로 작은 행성은 아주 빠르게 바깥으로 에너지를 빼앗긴다. 크기가 몇 m 밖에 안 되는 행성은 시간이 조금만 지나도 에너지를 모두 잃기 때문에 화산 활동을 지속할 수 없다.『어린 왕자』표지 그림의 두 번째 오류다. 겨울철 얼음을 보관해 여름에도 이용할 수 있도록 한 조선 시대 석빙고도 같은 원리를 이용했다. 겨울철 언 강에서 가져온 얼음을 한곳에 큰 부피로 모아 쌓아놓고, 햇빛이 닿지 않는 장소에 잘 보관하면 여름까지도 얼음이 녹지 않는다. 얼음을 모아 큰 덩어리로 함께 보관할수록 더 오래간다.

표지에는 꽃도 보인다. 꽃이 있어 식물이 살아 있다면 행성에 대기가 있다는 뜻이다. 진공에서는 식물이 살 수 없기 때문이다. 하지만 크기가 작은 행성은 중력이 약해서 대기를 가지고 있을 수 없다. 물리학으로 이해해보자. 대기를 구성하는 기체 분자들은 온도가 절대영도(0K, 영하 273.15℃, 이상 기체의 부피가 이론상 0이 되는 점)가 아니라면 이리저리 움직이는 열운동을 하게 된다. 열운동을 하는 분자의 속도가 만약 행성의 중력을 벗어나기 위해 필요한 속도인 탈출속도escape velocity보다 빠르다면, 분자는 행성의 중력에 붙잡혀 있을 수 없다.

행성의 크기가 아주 작다면 중력이 작아서 탈출속도도 작다. 결국 작은 행성에는 처음에 대기가 있었다고 해도 대기를 구성하는 기체 분자의 열운동에 의해서 점점 기체 분자를 우주로 잃어버려 대기 없는 행성이 될 수밖에 없다. 어린 왕자의 행성보다 훨씬 더 큰 달에도 대기가 없는데, 달보다 훨씬 작은 어린 왕자의 행성에 대기가 있을 리는 절대 없다.『어린 왕자』표지 그림의 세 번째 오류다.

어린 왕자는 행성 위에 가만히 서 있을 수도 없다. 중력이 너무 약해서 한 발짝 발걸음을 옮기려고 행성의 표면을 발로 밀면 행성은 어린 왕자를 행성 밖으로 밀어낸다. 작용-반작용의 법칙이다. 어린 왕자는 행성에서 벗어나 우주 공간에 둥둥 떠 있게 된다. 어린 왕자는 절대로 작은 행성 위를 걸어서 한 바퀴를 돌아 다시 원래의 위치에 올 수 없다.

지금까지의 이야기는 『어린 왕자』 표지 그림의 비과학성을 비판하려고 한 것이 아니다. 예술에 과도하게 과학의 잣대를 대는 것을 나도 무척 싫어한다. 부디 『어린 왕자』 표지 그림에 실망하지 않기를 바란다. 우리에게 익숙한 세상과 크기가 아주 많이 다른 세상에서는 우리 일상의 경험이 전혀 성립할 수 없다. 크기가 바뀌면 많은 것이 바뀐다. 생명체의 생김새도 바뀐다.

그렇게 생긴 데에는 다 이유가 있다

갈릴레오는 그의 저서 『새로운 두 과학A Due Nuove Scienze』에서 아주 흥미로운 물음을 던졌다. 강아지 두 마리가 있다.

첫 번째 강아지는 키가 작다. 두 번째 강아지의 키는 첫 번째 강아지 키의 2배다. 그렇다면 키가 2배인 큰 강아지의 뼈는 작은 강아지의 뼈와 모양이 같을까? 작은 강아지의 뼈를 가로, 세로, 높이 세 방향으로 각각 2배씩 늘린 뼈는 키가 2배인 강아지의 뼈와 과연 같은 생김새인지를 묻는 것이다.

정사각형을 가로, 세로 방향으로 각각 길이를 2배 늘리면 면적은 4배가 된다. 종이 위에 그림을 그려보면 쉽게 알 수 있다. 가로, 세로 양방향으로 길이가 2배씩 늘어난 정사각형 안에는 늘리기 전 작은 정사각형이 4개 들어가는 것을 금방 확인할 수 있다. 3차원 물체인 정육면체라면 어떨까? 가로, 세로, 높이를 모두 2배씩 늘리면 전체의 부피는 8배로 늘어난다. 이와 같은 이야기를 쉽게 일반화할 수 있다. "면적은 길이의 제곱에 비례하고, 부피는 길이의 세제곱에 비례한다." 이를 '갈릴레오의 제곱-세제곱 법칙 Galileo's Square-cube Law'이라고 한다.

다음 문제를 보자. 강을 가로질러 놓인 다리 자체의 무게가 무겁고 그 위에 차도 많이 다닌다면 당연히 교각을 두껍게 설계하는 것이 맞다. 높은 빌딩도 그 무게를 버티려면 단면적이 큰 두꺼운 철근을 이용해야 더 많은 무게를 버틸 수 있다. 단면적이 A인 원기둥 모양의 교각이 과연 얼마나 큰 무게를 버틸 수 있을지 생각해보자. 전체 질량이 m이면 다리에 중력의 방향으로 아래로 작용하는 힘은 $F = mg$이다. 이 힘이 단면적 A인 기둥에 작용한다면, 힘을 면적으로 나눈 압력은 $P = \dfrac{F}{A} = \dfrac{mg}{A}$가 된다. 교각이 버틸 수 있는 최대의 압력이 주어져 있다면, 단면적 A인 교각이 버틸 수 있는 최대의 질량은 m에 비례한다는 것을 알 수 있다. 다리가 부서져 무너지지 않으려면 교각의 단면적을 다리가 버텨야 하는 무게에 비례하도록 만들어야 한다.

지금까지의 논의를 이용해 강아지 몸속 다리뼈의 모습을 생각해보자. 먼저 강아지의 몸무게는 부피에 비례하니, 키가 2배인 강아지의 몸무게는 작은 강아지의 8배가 된다. 다음에는 강아지 몸속 뼈의 단면적을 생각해보자. 큰 강아지 몸속 뼈가 작은 강아지 몸속 뼈와 같은 모습이라면, 키가 2배인 강아지 다리뼈의 단면적은 작은 강아지 몸속 뼈 단면적의 4배가 된다.

자, 이제 어떤 문제가 생길지 알 수 있다. 단면적이 4배 늘어난 큰 강아지 몸속 뼈가 버틸 수 있는 무게는 4배까지다. 그런데 큰 강아지의 몸무게는 8배나 늘어났다. 따라서 큰 강아지 몸속에 있는, 단면적이 4배만 늘어난 뼈로는 8배가 늘어난 몸무게를 버틸 수 없게 된다. 키가 2배가 큰 강아지 몸속 뼈의 단면적은 4배가 아니라 8배가 늘어나야 한다. 무슨 뜻일까? 큰 강아지 몸속 뼈의 생김새가 작은 강아지 몸속 뼈와 달라져야 한다는 결론이다. 더 두꺼워져야 한다. 바로, 갈릴레오가 책에서 얻은 결론이다.

그렇다면 코끼리 다리는 왜 두꺼울까? 이제 질문에 쉽게 답할 수 있다. 코끼리가 커서 그렇다. 몸의 밀도가 같다면, 키가 다른 동물의 10배인 코끼리는 1,000배 무겁다. 그런데 뼈의 모양이 키가 10분의 1인 다른 동물과 비슷하다면 뼈의 단면적은 100배밖에 늘어나지 않는다. 단면적이 100배 늘어난 뼈로 1,000배 늘어난 무게를 버텨내지 못한다. 코끼리의 다리뼈는 당연히 더 굵어야 한다. 그래야 엄청난 몸무게를 버틸 수 있다.

면적은 길이의 제곱에 비례하고 부피와 몸무게는 길이의 세제곱에 비례한다는 걸 생각하면 코끼리의 겉모습도 우리가 잘 이해할 수 있다. 코끼리는 체온을 일정하게 유지하기 위해 몸에서 열을 만들어내는 항온동물이다. 부피가 클수록 세포의 수가 늘어나니 몸에서 만들어내는 열량도 많다. 이렇게 몸에서 만들어지는 열을 피부를 통해 바깥으로 내보내지 않으면 코끼리의 몸은 뜨거워져 살 수 없을 것이다. 코끼리의 피부에는 털이 거의 없다. 털이 많으면 열을 방출하는 것이 어려워 그렇다.

인류학자들은 인간이 다른 영장류와 달리 털이 거의 없는 이유도 마찬가지로 생각한다. 우리 선조의 기본적인 사냥 방법은 잡으려는 동물이 지칠 때까지 쫓아가는 장거리 달리기였다고 한다. 단거리 달리기에는 영 재능이 없어도 오래달리기는 정말 잘하는 것이 인간이다. 오래 달려 오른 체온을 식히는 데는 털이 적거나 없는 인간이 적응에 유리했을 수 있다. 우리가 털이 없는 이유를 설명하는 유력한 가설 중 하나다.

코끼리도 털이 없다. 장거리 달리기 때문이라기보다는 몸이 커서 그렇다. 털을 없애는 것만으로는 부족했는지 코끼리의 피부를 가까이서 찍은 사진을 보면 피부가 쭈글쭈글하다. 바로 표면적을 넓혀 열을 밖으로 더 빨리 방출하기 위한 것이다. 코끼리의 귀는 또 아주 커다랗다. 코끼리의 적외선 사진을 찾아본 적이 있다. 귀를 제외한 몸의 대부분은 붉은색이지만 귀 부분은 파란색에 가깝게 보였다. 즉 코끼리의 큰 귀는 몸의 다른 부분보다 온도가 상대적으로 낮다. 코끼리의 귀에는 많은 모세혈관이 넓게 뻗어 있다. 마치 자동차 엔진의 열을 낮춰주는 냉각 라디에이터와 같다. 코끼리는 피부 면적이 넓은 귀를 통해 열을 바깥으로 내보내는 것이다. 코끼리 귀는 영화 〈덤보〉에 나오듯이 날기 위한 날개가 아니다. 코끼리 귀는 냉방장치다.

갈릴레오가 제안한 제곱-세제곱 법칙으로 우리는 코끼리의 모습을 잘 이해할 수 있다. 코끼리 다리가 왜 두꺼운지, 코끼리는 왜 털이 없고 피부는 쭈글쭈글한지, 코끼리의 커다란 귀의 역할은 무엇인지, 모두 이해할 수 있다. 답은 간단하다. 코끼리가 커서 그렇다.

작은 동물이 해결해야 하는 문제는 거꾸로다. 코끼리는 더워서 문제라면, 작은 동물은 추워서 문제다. 앞서 어린 왕자가 사는 행성 이야기에서 말했듯이 크기가 작을수록 바깥으로 열을 더 빨리 뺏긴다. 작은 포유동물은 대개 전체적인 모습이 동그랗다. 또 작은 포유동물은 대개 털로 뒤덮여 있다. 동그란 모습이 더 유리한 것은, 부피가 주어져 있을 때 표면적이 가장 작은 도형이 구이기 때문이다. 외부로 열이 방출되는 것을 최대한 막기 위해 동그란 모습으로 표면적을 가능한 줄이고 이것으로도 부족해 털로 몸 전체를 감싼다.

사람 대뇌의 겉 부분을 대뇌피질 혹은 대뇌겉질이라

고 한다. 대뇌겉질도 코끼리 피부처럼 쭈글쭈글하다. 바로 뇌의 표면적을 넓히는 방법이다. 사람의 뇌는 오랜 진화의 결과다. 영장류의 진화에서도 가장 최근에 등장한 것이 바로 가장 바깥쪽에 있는 대뇌겉질이다. 뇌는 안에서 밖으로 진화했다는 것이 정설이다. 우리 뇌의 안쪽에는 진화의 과정에서 더 오래전에 만들어진 뇌가 있고, 안에서 바깥을 향할수록 더 최근에 만들어진 뇌의 부분을 볼 수 있는 셈이다. 사람의 대뇌겉질은 인간이 지금처럼 성공적인 생태학적인 지위를 차지하는 데 기여한 가장 강력한 '무기'였다. 대뇌겉질이 지금처럼 가능한 한 넓은 표면적을 갖는 형태로 발달하지 않았다면 인간이 이성적인 판단 능력과 사회성을 갖추는 것은 불가능했다.

뇌의 표면적을 늘리는 가장 간단한 방법은 뇌의 전체 부피를 키우는 것이다. 즉 머리가 커지면 된다. 하지만 사람 뇌의 부피를 더 늘리는 데는 한계가 있다. 직립보행으로 인해 골반이 좁아진 인간 여성은 머리가 큰 아기를 낳는 데에 한계가 있다. 지금도 자식을 낳을 때 어미가 거의 목숨을 걸어야 할 정도의 위험을 겪는 포유류는 인간이 거의 유일하다고 한다. 인간의 어린 아기가 다른 동물에 비해 너무나도 연약한 상태로 태어나는 것도 그 때문이다. 머리가 너무 크게 성장하기 전에 아이를 낳는 것이 산모에게 유리하기 때문이다. 인간의 아기는 태어난 후 짧은 기간 안에 아주 빠른 속도로 뇌가 자란다.

정리해보자. 가능한 한 표면적이 넓은 대뇌겉질이 인간의 생존에 유리하다. 하지만 부피를 늘려 표면적을 늘리기에는 한계가 있다. 그다음 선택은 가능한 주어진 부피 안에서 그나마 넓은 표면적을 갖는 것이다. 바로 현재 우리의 두개골 안에 담긴 겉 부분이 쭈글쭈글한 뇌의 모습이 그렇게 완성되었다.

걸리버 여행기와 현실 속의 데이터

『걸리버 여행기Gulliver's Travels』에는 주인공 걸리버가 아주 큰 사람들이 사는 세상을 방문한 이야기가 들어 있다. 이곳에 사는 거인들이 우리 일반적인 사람들보다 키가 10배가 더 크면서 생김새는 우리와 같다면 당연히 몸무게는 무려 1,000배, 그리고 뼈의 단면적은 우리보다 100배가 더 크다. 바로 갈릴레오의 제곱-세제곱 법칙의 결과다. 그렇다면 이들 거인의 허리둘레는 우리 인간 허리둘레의 몇 배일까? 이 물음에 100배라고 답하는 사람들이 제법 있다. 허리둘레를 마치 단면적처럼 생각해서 답하는 사람들이다. 하지만 허리둘레는 면적이 아니라 길이다. 허리둘레도 키처럼 cm의 단위로 재는 것을 떠올리면 누구나 쉽게 이해할 수 있다. 거인의 허리둘레가 우리 인간의 10배가 아니라 100배라고 답한 사람이라면 허리둘레를 면적으로 잘못 생각한 거다. 100배라고 답했다면, 다음에 누가 물어보면 '내 허리둘레는 몇 평'이라고 답해야 한다. 물론 농담이다. 사람의 허리둘레는 면적이 아니라 길이이고, 따라서 생김새는 같지만 키가 10배가 큰 거인의 허리둘레는 걸리버의 10배다.

현실에서 우리 인간보다 키가 10배나 크면서도 우리와 몸의 생김새가 비슷한 생명체는 없다. 현실에서 사람의 키와 몸무게의 데이터를 모아서 처음 체계적으로 분석한 사람은 아돌프 케틀레Adolphe Quételet다. 당시 많은 사람의 키와 몸무게 자료를 모아서 확률분포를 그려본 과학자다. 다음 그림에서 왼쪽 그래프는 우리나라 특정 연령대 남성의 키에 대한 실제 확률분포다. 아주 깨끗한 종 모양이다. 종 모양의 가운데 대칭축을 기준으로 왼쪽과 오른쪽이 거의 같은 모습이다. 가운데 대칭축의 위치에서 확률분포

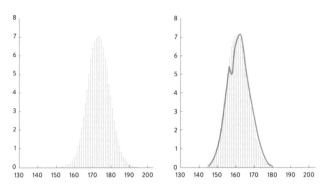

우리나라 남성의 키에 대한 확률분포(왼쪽)와
프랑스의 실제 사례를 바탕으로 그린 그래프(오른쪽)

그래프의 값이 가장 크다. 즉 이 정도의 키를 가진 남성이
우리나라에 가장 많다는 뜻이다.

　통계학에서는 가장 흔히 관찰되는 값을 '최빈값most prob-
able value'이라고 부른다. 또 그림처럼 좌우대칭의 종 모양인
확률분포를 '정규분포'라고 부른다. 자연이나 사회에서
관찰되는 많은 데이터가 이런 정규분포를 따른다. 정규분
포는 좌우대칭이어서 최빈값이 곧 평균값이다. 우리나라
남성 중 가장 흔하게 관찰되는 키가 우리나라 모든 남성
키의 평균과 같다는 뜻이다. 우리나라의 특정 연령대의
남성 키는 아마 세계에서도 다른 예를 찾기 어려울 정도
로 양질의 데이터다. 표본조사가 아니라 거의 전수조사이

기 때문이다. 여성이 아닌 남성의 키만 이러한 양질의 데이터가 있다. 바로 병역판정 신체검사 덕분이다.

그림의 오른쪽 그래프는 실제 있었던 사례를 바탕으로 내가 그려본 확률분포다. 흥미롭게도 좌우대칭인 종 모양이 아니다. 157cm에서 아래로 움푹 파인 모습을 명확히 볼 수 있다. 이유가 있다. 오래전 과거 프랑스의 징병검사에서 군대에 입대할지 아닐지를 결정하는 기준이 157cm였다. 징병검사에 참여한 당시 프랑스 남성의 입장에서 생각해보면 이유를 알 수 있다. 키가 165cm라면 누가 보아도 당연히 157cm보다는 키가 크다고 볼 것이 당연하다. 심사관에게 자신의 키가 157cm가 안 된다고 거짓말을 하기는 어렵다. 하지만 만약 키가 158cm나 159cm라면 아마도 징병검사관에게 키가 156cm라고 약간 줄여 말해 군대 입대를 피하고 싶은 것이 인지상정이다. 하지만 키가 150cm여서 누가 봐도 157cm가 안 되어 보이는 사람이라면 굳이 자신의 키를 다르게 말할 필요는 없다. 바로 그래프 왼쪽의 157cm 근처에서 움푹 파인 골짜기가 있는 이유다. 사람들의 키를 직접 측정하지 않고 물어보면 이처럼 데이터에 왜곡이 생긴다.

요즘 빅데이터에 대한 우리 사회의 관심이 크다. 학계

와 산업계에서도 더 활발히 빅데이터를 활용하고 있다. 빅데이터를 통해 세상을 더 정교하게 이해할 수 있는 이유는 많은 빅데이터가 '묻지 않고 측정'한 방식이기 때문이다. 사람들에게 설문을 통해 직접 스스로 답하는 방식으로는 객관적인 데이터를 모으기 어렵다. 프랑스 남성키에 대한 재밌는 확률분포의 꼴이 우리에게 알려주는 교훈이다. 묻지 않고 측정한 데이터, 모은 데이터가 아닌 모인 데이터가 더 신뢰할 수 있는 데이터다.

앤셀 키스Ancel Keys는 여러 인구 집단의 데이터를 바탕으로 몸무게와 키의 관계를 연구한 논문을 썼다. 이 논문에체질량 지수Body Mass Index, BMI 계산법이 나온다.

체질량 지수 계산법은 무척 간단하다. 한 사람의 몸무게와 키를 측정하고 몸무게를 키의 제곱으로 나눈 값이 체질량 지수다. 체질량 지수는 주로 비만도를 판단할 때 이용되는데, 대한비만학회의 기준으로 그 값이 18.5에서 25 사이에 있는 경우에 '정상 체중'이라고 한다. 여기서 '정상'은 체질량 지수 값이 18.5에서 25 사이에 있는 사람이 아주 많다는 것을 의미한다. 우리가 정상과 비정상을 나누는 기준 대부분이 마찬가지다. 많은 사람이 가지고 있는 어떤 특성을 정상이라고 하는 것이지, 그 특성이 좋고 나쁘고의 가치판단을 해서 정상·비정상을 판단하는 것은 아니다.

많은 사람이 몸무게를 키의 제곱으로 나눈 값이 18.5~25 정도로 비슷하다면 '몸무게는 키의 제곱에 비례한다'고 말할 수 있다. 이때의 비례상수가 바로 체질량 지수 값이다. 체질량 지수를 계산할 때, 몸무게는 kg으로, 키는 cm가 아닌 m로 재야 하는 것이 중요하다. 키를 m가 아니라 cm로 해서 체질량 지수를 재고 체질량 지수 표와 비교하면 누구나 엄청 날씬하다는 잘못된 결과가 나온다.

키스가 논문에서 제안한 체질량 지수의 계산법은 엄밀한 과학적 근거가 있는 것이 아니었다. 논문에 실린 표를 보면, 몸무게를 키의 세제곱으로 나누지 않고 키의 제곱으로 나눈 값으로 체질량 지수를 정의하면 데이터로 구한 체질량 지수의 확률분포가 우리가 기대했던 좌우대칭인 정규분포와 비슷한 모양이 된다는 이야기만 있을 뿐이다.

체질량 지수의 의미를 약간의 수식으로 설명해보자. 몸무게(M)를 키(H)의 제곱으로 나눈 사람의 체질량 지수를 다시 사람 몸의 평균밀도(ρ)로 나누면 식으로는 $\dfrac{M}{H^2\rho}$로 쓸 수 있다. 또 몸무게는 밀도와 부피(V)의 곱이므로 $M = V\rho$로 적은 뒤 앞의 식에 M을 대입하면 이 수식은 간단히 $\dfrac{V}{H^2}$로 바꿔 쓸 수 있다. 사람 몸의 밀도는 누구나 거의 비슷하니, 체질량 지수가 정상으로 분류되는 사람이 많다는 것은 많은 사람들의 $\dfrac{V}{H^2}$의 값이 고만고만하여 비슷하다는 의미가 된다.

다음에는 사람의 몸을 단면적 A, 높이가 H인 원기둥처럼 생각해 사람의 부피를 $V = AH$로 적어보자. 이를 바로 앞의 식에 대입하면 $\dfrac{A}{H}$가 된다. 결국 많은 사람의 체질량 지수가 비슷하다는 것은 몸의 단면적과 키의 비가 사람들마다 거의 비슷하다는 뜻이다.

수식을 변형하는 과정에서 등장한 $\dfrac{V}{H^2}$라는 흥미로운 값의 뜻을 생각해보자. 좀 끔찍한 이야기니 상상하지는 마시라. 나를 커다란 믹서에 넣고 마구 돌린다. 그렇게 내 몸을 모두 살코기로 만들어 가로, 세로가 내 키와 같은 사각형 모양 접시 위에 모두 올린다고 생각해보자. 이 커다란 사각형 접시 위에 올라간 내 몸 살코기의 높이를 mm로 표시하면 그 값이 바로 내 몸의 체질량 지수와 같다는 것을 쉽게 보일 수 있다. 현재 내 체질량 지수는 약 25정도다. 믹서로 간 내 몸 살코기를 가로, 세로가 내 키와 같은 접시에 올리면 25mm 높이로 쌓인다. 체질량 지수가 많은 사람은 더 높이 쌓인다.

이번에는 사람을 원기둥으로 생각해 부피를 다시 계산해보자. 원의 반지름이 R이면, 부피는 밑면적과 높이의 곱이어서 $\pi R^2 H$이다. 즉 원기둥 사람의 부피는 $R^2 H$에 비례한다. 앞에서 얻은 $\dfrac{V}{H^2}$가 사람마다 비슷하다는 결론에 원기둥의 부피를 대입해보자. 원기둥 모양 사람으로는 $V \propto R^2 H$를 얻었고, 체질량 지수로부터는 $V \propto H^2$을 얻었다. 두 식 모두 부피에 관한 식이어서, $R^2 H \propto H^2$를 얻게 된다. 비례식 양쪽에서 H를 하나씩 지우면 R^2이 H에 비례한다($R^2 \propto H$)는 것을 확인할 수 있다. 양변에 제곱근을 취하면 R이 $\sqrt{H}$에 비례한다($R \propto \sqrt{H}$)는 명확한 결론을 얻게 된다. 여기까지 따라서 이해했다면 아주 놀랍고 흥미로운 결론에 도달하게 된다. 이 원기둥 사람의 허리둘레 $2\pi R$도 R에 비례하니, 사람의 허리둘레는 키에 비례하는 게 아니라 키의 제곱근 $\sqrt{H}$에 비례한다는 결과다. 왜 재미있는 이야기인지, 좀 더 자세히 예를 들어보겠다.

체질량 지수는 나와 똑같고 키는 나보다 10배가 큰 사람이 내 옆에 서 있다고 상상해보자. 이 키 큰 사람의 허리둘레는 내 허리둘레의 10배가 아니라 딱 $\sqrt{10}$배만 크다. $\sqrt{10}$을 계산하면 약 3보다 조금 큰 값이다. 즉 나보다 키가 10배 큰 사람의 허리둘레는 나보다 약 3배밖에 크지 않다.

무슨 뜻일까? 아무런 배경도 없이 나와 나보다 10배 키 큰 사람의 독사진을 화면에 꽉 차게 따로 찍고는 두 사진을 나란히 비교해보자. 나보다 키가 10배 더 큰 사람은 나보다 무척 날씬해 보일 수밖에 없다. 각자 키와 허리둘레의 비율을 구하면 $\frac{R}{H} \propto \frac{\sqrt{H}}{H} = \frac{1}{\sqrt{H}}$이라서, 키가 클수록 그 비율이 작다. 바로, 패션 모델 중에 키 큰 사람이 많은 이유다. 체질량 지수가 똑같은 두 사람이 있다면 키 큰 사람이 상대적으로 더 날씬해 보인다는 결론이다. 오해하진 마시라. 나보다 키가 더 크다면 당연히 나보다 허리둘레도 길어진다. 하지만 그 사람의 허리둘레는 큰 키에 비하면 조금만 늘어난다. 아주 간단하지만 재밌는 계산이다.

패션모델이 꼭 키가 커야 한다는 것은 아니다. 키가 그리 크지 않은 패션모델도 물론 있다. 단지 같은 체질량 지수라면 키가 크면 날씬해 보인다는 결과일 뿐이다. 날씬해 보이는 모델을 선호하는 디자이너의 패션쇼에는 아마도 키가 큰 모델이 많이 출연할 것이라는 이야기다. 그림으로 보면 키 큰 사람이 날씬해 보이는 걸 금방 눈으로 확인할 수 있다.

첫 번째 그림을 모습은 같고 크기가 다른 걸리버 여행기의 걸리버(왼쪽)와 거인(오른쪽)의 모습으로 생각해보

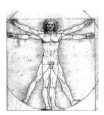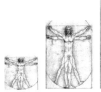

현실 속에서는 크기가 다르면 모습이 다르게 보인다

자. 걸리버 여행기에서는 거인도 걸리버와 같은 모습이라고 상상했다. 따라서 키가 2배가 될 때 허리둘레도 2배가 되고 몸무게는 8배가 된다. 소설 속 걸리버와 거인은 키만 다를 뿐 전체적인 모습은 같다. 두 번째 그림은 키를 2배 늘릴 때마다 허리둘레를 $\sqrt{2}$배, 즉 약 1.4배로 늘려 그린 그림이다. 걸리버 여행기의 거인들과는 달리, 실제 현실의 사람은 키에 따라 모습도 이 그림처럼 변해야 한다. 오른쪽 그림의 세 사람 모두 몸의 전체적인 생김새는 달라 보여도 체질량 지수는 같다는 것이 중요하다. 현실에서도 체질량 지수가 같다면 키 큰 사람이 날씬해 보인다.

물리학은 우리의 모습이 어떻게 결정되는지를 살펴보는 유용한 도구가 될 수 있다. 우리는 왜 커다란 천체처럼 동그랗지 않은지, 우리의 모습은 왜 코끼리와 다른지, 개

미처럼 허리가 가는 사람은 왜 없는지, 그리고 작은 햄스터같이 털로 뒤덮인 동그란 모습일 수는 없는지, 물리학은 많은 것을 말해준다. 체질량 지수가 같다면 키 큰 사람이 더 날씬해 보일 수밖에 없다는 것도 말이다. 물론 물리학이 모든 것을 정확히 설명할 수는 없지만, 우리 인간의 모습에 대한 개략적인 이해를 도울 수 있다.

Q

물리학의 시각으로 인간의 모습이
다른 동물들과 왜 다른지 알 수 있다.
인간이 가지고 있는 제한 조건이
인간의 모습을 어떻게 바꾸었을까?

A

5강 ✕

만남

거대한 세상 속 우리라는 기적

모든 것이 허공인
존재 사이에서
서로 마음이 닿는다는 것은
기적 같은 일이다.

보이저호의 우주여행

1977년 지구를 출발한 우주선 보이저 1호Voyager 1는 여러 행성을 들르며 멋진 사진을 많이 남겼다. 지구에서 점점 멀어지던 보이저 1호는 1990년쯤 명왕성 정도의 거리에 도달하게 된다. 이때, 먼 외계를 향한 카메라를 반대로 돌려 지구를 향해 사진을 찍었다. 인류의 역사에서 가장 먼 거리에서 찍은 지구의 모습이다. 중요한 과학적 이유가 있었던 것은 아니다. 그 멀리서 바라본 작은 지구의 모습이 담긴 사진이 우리 인류에게 커다란 의미가 있다고 생각한 세이건이 나사NASA를 설득한 결과였다. 이때 탄생한 유명한 사진이 있다. 사진 속 점으로 보이는 작은 지구를

보이저 1호가 보내온 우주에서 바라본 지구 〈창백한 푸른 점〉

세이건은 〈창백한 푸른 점Pale Blue Dot〉이라고 불렀다.

사진을 보자. 세이건이 '창백한 푸른 점'이라 부른, 거의 눈에 띄지도 않을 정도로 작은 점 안에 78억 정도의 개체 수를 가진 한 생물 종이 살고 있다. 저 작은 지구에서 태어난 이 독특한 생물 종은 과학과 기술을 발전시켜 저먼 거리에서 자신이 사는 행성의 사진을 스스로의 힘으로 찍을 수 있게 되었다.

사진을 다시 보자. 저토록 먼 거리에서 본 지구는 정말 점처럼 작게 보인다. 아무리 눈을 부릅뜨고 쳐다봐도 지구 표면 위 국경이 보일 리 없다. 저 작은 점 안에서, 사람들은 종교가 다르다고, 정치적인 신념이 서로 다르다는 이유로 미워하고 다투고 있다는 것이 믿어지는가? 우주 먼 곳에서 보면 한 점으로 보이는 저 작은 지구 위에서 우리는 서로 갈등하고 미워하며 짧은 삶을 낭비하고 있다.

요즘은 저 작고 푸른 아름다운 행성을 스스로 더 살기 어려운 곳으로 만들고 있기도 하다. 인간이 산업화의 과정에서 만들어낸 이산화탄소로 기후가 변해 저 작은 지구가 점점 더 거주 불가능한 행성으로 바뀌고 있다. 저 작은 점은 이 광막한 우주에서 우리에게 주어진 단 하나의 공간이다. 저 작은 점을 떠나서는 우리는 단 한 순간도 살아갈 수 없다. 작아서 더욱 소중한, 우리에게 허락된 유일한 장소다.

지구를 출발한 보이저 2호Voyager 2는 목성, 토성, 천왕성, 해왕성을 잠깐 들러 구경하고 태양계 바깥으로 나아갔다. 왜 하필 여러 행성을 들르도록 여정을 짰을까? 똑바로 곧장 태양계 밖을 향해 나아가는 것이 더 빠르고 효율적인 것이 아닐까? 물론 행성을 가까운 거리에서 관찰하는 것

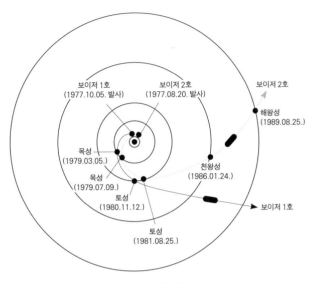

행성 탐사 우주선의 스윙바이

이 커다란 과학적 의미가 있는 것도 분명하지만, 다른 이유도 있다. 여러 행성을 들렀다 가는 것이 곧장 태양계 밖으로 가는 것보다 오히려 더 효율적인 방법이기 때문이다. 바로 '스윙바이Swingby'라고 부르는 방법이다.

　지구에서 출발한 보이저호의 속력이 시간이 지나면서 어떻게 변했는지를 표시한 그래프를 보자. 목성, 토성, 천왕성, 해왕성을 방문할 때쯤의 속력이 잠깐 동안 급격히 늘어난 것을 볼 수 있다. 행성을 방문하고 다음 행성을 방문하는 도중의 경로에서는 속력이 조금씩 줄어들다가 다시 행성을 만날 때쯤 다시 또 가속해 속력이 빨라진다. 스윙바이는 태양 주위를 공전하는 행성의 중력을 이용하는 방법이다.

예를 들어보자. 태양 주위를 돌고 있는 목성을 향해 다가갈 때, 궤도 위의 목성을 뒤에서 따라가는 방향으로 보이저호를 운항하면 된다. 목성의 중력으로 보이저호는 점점 더 빠른 속력을 갖는다. 보이저호의 연료를 아끼면서 목성 중력의 도움을 받아 가속하는 효율적인 방법이다. 목성에 가까워지면서 점점 빨라진 우주선은 목성을 지나 다음 행성으로 나아가는 초기에는 속력이 줄어들다가, 다음 행성을 마찬가지로 궤도의 뒤에서 따라가도록 해서 속력을 다시 높일 수 있다. 이처럼 목성, 토성, 천왕성, 해왕성을 차례로 들르면서 행성 중력의 도움으로 속력을 높이는 것이 스윙바이 방법이다.

물론 아무 때나 우주선을 지구에서 출발시킨다고 해서 이렇게 여러 행성을 차례로 들러 중력의 도움을 받아 가속할 수 있는 것은 아니다. 여러 행성의 궤도와 위치에 대한 정확한 정보를 이용해 지구에서 로켓을 발사하는 시기를 잘 조정하는 것이 중요하다. 보이저호가 태양계의

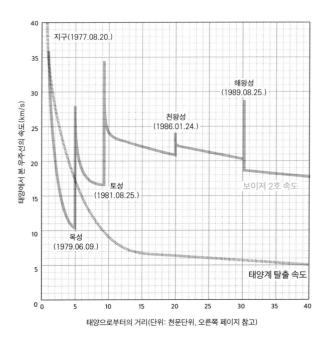

보이저호의 속력 변화

바깥으로 나가려면 태양 중력에 의한 탈출속도보다 더 빠른 속도가 필요한데, 보이저호는 스윙바이의 방법으로 태양계를 벗어난 것이다. 곧장 가지 말고 들렀다 가는 것이 오히려 빠른, 스윙바이의 재밌는 원리다.

천체까지의 거리를 재는 여러 단위가 있다. 우리 일상에서도 책상 위 물체나 방의 크기를 잴 때는 아무도 km를 쓰지 않는다. cm나 m를 길이나 거리의 단위로 이용한다. 한편, 서울에서 부산까지의 거리라면 km로 재는 것이 편리하다. 하지만 엄청난 크기의 우주에서 두 별 사이의 거리를 잴 때는 km로 표시하면 숫자가 너무 커져서, 빛이 1년 동안 진행하는 거리인 광년을 거리의 단위로 쓴다. 지구에서 태양을 빼면 가장 가까운 별까지의 거리는 광년으로 표시하면 약 4.2광년이지만, 이 거리를 km로 표시하면 약 40,000,000,000,000km나 되기 때문이다.

그렇다고 해도 태양계 안 여러 천체 사이의 거리를 잴 때는 광년으로 재면 너무 숫자가 작다. 또 km로 표현하면 그 숫자가 너무 크다. 태양과 목성의 거리는 약 800,000,000km이고 이는 약 0.00008광년에 해당한다. km로는 너무 크고 광년으로는 너무 작은 태양계 안 천체 사이의 거리는 다른 거리의 기준을 이용하는 것이 편리하다. 이때 이용하는 단위가 바로 천문단위astronomical unit, AU다. 1천문단위는 태양과 지구 사이의 평균 거리여서 약 1억

5,000만km다. 태양과 목성 사이의 거리는 약 5천문단위이고, 행성의 자격을 빼앗긴 안타까운 천체 명왕성은 다른 행성보다 더 길쭉한 타원 모양의 궤도여서, 가까울 때가 약 30천문단위, 멀 때가 약 50천문단위의 거리에 있다. 명왕성이 가장 멀리 있을 때는 태양과 지구 사이 거리의 약 50배의 거리에 있다는 의미다.

현재 보이저호는 150천문단위의 거리에 있다. 즉 명왕성까지 거리의 3배 거리까지 진출해 있다. 1990년 명왕성 정도의 거리에 있을 때의 사진인 〈창백한 푸른 점〉을 떠올리면, 이후 30년이라는 시간 동안 보이저 1호는 그전까지 날아간 거리의 2배를 더 날아간 셈이다.

보이저 1호는 빛의 속도로 가도 무려 21시간이 걸리는 먼 거리에 있다. 만일 보이저 1호에 "그동안 잘 지냈니?"라고 인사하는 목소리를 전파에 실어보낸다면 보이저 1호의 수신 장치는 인사를 21시간 후에 듣는다. 듣자마자 "어, 나 잘 있어"라고 답을 한다면 어떻게 지냈느냐는 말을 보내고 나서 42시간이 지나서야 "나, 지금 잘 있어"라는 답을 듣게 된다. 그 정도로 먼 거리에 보이저 1호가 있다.

1977년 지구를 출발한 보이저호에 탑재된 컴퓨터에는 40년 전에 작성한 소프트웨어가 들어 있다. 요즘 널리 쓰이는 컴퓨터 언어가 아닌 다른 언어로 코딩되었다. 2015년 나사에서 프로그래머를 모집하는 공고에서 코볼Cobol이나 알골Algol 등 요즘은 널리 쓰이지 않는 프로그램 언어를 사용할 수 있는 사람을 구하기도 했다. 아쉽게도 이제 곧 보이저호는 임무를 중단하게 될 예정이다. 보이저호가 자체로 생산하는 전력이 이제 거의 고갈될 예정이기 때문이다.

보이저 1호가 지금 여행하고 있는 우주는 어떤 곳일까? 태양에서 방출되는 다양한 입자의 흐름을 '태양풍solar wind'이라고 한다. 태양풍은 우주 공간 전체로는 퍼져나가지 못한다. 다른 항성들에서 생기는 입자의 흐름에 영향을 받아 더 이상 퍼져나가지 못하는 경계가 생기는 것이다. 최근 보이저 1호가 태양풍의 영향을 받는 영역인 '태양권'을 벗어났다. 보이저 1호는 태양이 방출한 입자들을 맞닥뜨리지 않는 영역에 이미 도달했다.

지구에서 가장 가까운 별인 태양까지는 빛의 속도로 약 8분이면 간다. 두 번째로 가까운 별인 알파 센타우리Alpha Centauri까지는 빛의 속도로 가도 4년 이상 걸린다. 보이저 1호가 지구에서 발사된 후 40여 년 날아간 거리는 우리의 기준으로는 무척 먼 거리지만, 우리은하의 별들 사이의 거리를 생각하면 여전히 무척 짧은 거리다. 지구에서 두 번째 가까운 별인 알파 센타우리까지의 1,800분의 1에 불과하다. 인류가 만들어낸 가장 빠른 우주선인 보이저 1호가 지금까지의 평균 속도로 앞으로도 똑같은 속도로 이동한다면 알파 센타우리에 도달할 때까지 7만 년의 시간이 걸린다. 우주의 별 사이의 거리가 얼마나 막막히 먼 거리인지 떠올려볼 수 있다.

내가 만약 보이저 1호에 탑승한 승무원으로 7만 년을 산다고 상상하면 그 시간은 정말 심심할 것이 분명하다. 알파 센타우리 정도의 거리를 지나는 무려 7만 년 동안 나는 단 하나의 별도 가까이서 보지 못한다.

우리은하의 공간 대부분에는 볼 만한 것이 정말 아무것도 없다. 몇 만 년 우주선을 타고 여행하는 동안 어쩌다 한 번 정도 만나는 소중한 존재가 별이다. 우리은하에 수천억 개의 별이 있다는 이야기를 들으면, 그리고 밤하늘에 수없이 보이는 그 많은 별을 떠올리면 우주는 온통 별로 반짝이는 아름다운 공간처럼 보이지만, 실제로는 우주는 거의 비어 있다. 우주 전체의 규모를 생각하면, 우리은하처럼 한 은하의 내부는 그래도 그나마 별들이 촘촘하게 있는 공간이다. 우주 전체에서 은하가 있는 곳보다 없는 곳이 훨씬 더 크다. 우주는 어디나 텅텅 빈 공간이다. 우리은하도 듬성듬성 별이 있어 거의 빈 공간이고, 우주도 듬성듬성 은하가 흩뿌려져 있을 뿐 거의 빈 공간이다. 어쩌다 만나는 아주 드물고 아름다운 은하, 그리고 은하 안에서 어쩌다 만나는 아주 드문 아름다운 별을 떠올려본다. 텅텅 빈 우주에서 드물게 만나는 아름답고 소중한 존재들이다.

인간을 구성하는 원자의 모습

이제 우주에서 눈을 돌려 작은 세상 쪽을 바라보자. 머리카락을 하나 뽑아 살펴보면 손가락 정도의 길이지만 그 굵기는 손가락보다 훨씬 더 가늘다. 내가 눈으로 직접 볼 수 있는 내 몸의 부분으로는, 머리카락의 굵기가 가장 짧은 쪽으로는 1등이다. 그런데 원자는 머리카락 굵기보다도 훨씬 더 작다. 머리카락 한 가닥의 너비 방향으로 무려 100만 개의 원자를 늘어놓을 수 있다. 원자는 그 정도로 작다. 그렇다면 원자는 어떤 모습일까?

　원자의 모습으로 사람들은 책에서 볼 수 있는 원자 구조의 도식적인 그림을 먼저 떠올린다. 원자의 한가운데 원자핵이 있고, 원자핵에서 상대적으로 먼 거리에서 전자들이 원자의 주변을 도는 모습을 마치 태양 주위를 도는 행성처럼 표현한 그림이다. 원자의 크기는 원자핵의 크기가 아니라, 원자핵에서 가장 멀리 떨어져 있는 가장 바깥쪽 전자 사이의 거리를 뜻한다. 태양계의 크기는 태양의 크기가 아니라, 태양에서 가장 먼 행성까지의 거리인 것과 같은 얘기다.

다음 그림은 헬륨 원자의 모습을 개략적으로 그린 것이다. 하지만 실제 헬륨은 절대로 이렇게 생기지 않았다. 먼저 전자가 돌아다니는 궤도를 깨끗한 선 하나로 그릴 수 없다. 태양 주위를 도는 지구의 공전궤도는 그때그때 지구의 순간적인 위치를 파악해 선으로 죽 이어 그려 거의 원 모양의 선 하나로 그릴 수 있지만, 전자의 궤도는 그렇지 않다. 전자는 원자핵으로부터 딱 정해진 일정한 거리에 있지 않다. 전자가 원자핵으로부터 얼마나 먼 거리에 있는지를 재면, 그때그때 다른 값을 얻게 된다. 이러한 측정치를 평균을 내면 얻어지는 값은 원자핵과 전자 사이의 평균 거리일 뿐이다.

그림처럼 전자의 궤도를 딱 하나의 선으로 그리면 오해의 여지가 있어서, 다른 방식으로 표현한 그림도 있다.

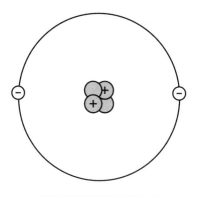

헬륨 원자를 간단하게 표현한 도식

전자의 위치를 원자핵을 둘러싼 희뿌연 구름처럼 그린 그림이다. 이렇게 그림을 그리면 또 다른 오해의 여지가 있다. 전자 하나가 구름 안의 물방울처럼 여러 조각으로 나뉘어 흩어져 있다는 오해다. 이것도 사실이 아니다. 원자핵을 둘러싼 전자구름의 형태로 그린 그림에서, 구름을 구성하는 점들의 밀도는 전자가 그 위치에 존재할 확률을 뜻한다. 구름의 색이 짙게 표현된 곳에서 전자 하나를 발견할 확률이 높고, 구름이 옅은 곳에서는 전자를 발견할 확률이 낮다. 전자는 측정하면 딱 하나의 위치에서 발견되지만, 매번 측정할 때 발견될 확률이 위치마다 달라진다. 구름으로 전자를 표현한 전자구름은 전자가 나뉘어

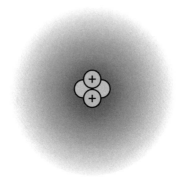

5장

전자의 위치를 원자핵을 둘러싼 희뿌연 구름처럼 표현한 그림

있다는 뜻이 아니다. 전자가 발견될 확률을 구름의 밀도로 표현하는 그림이다.

헬륨 원자를 간단히 표현한 첫 번째 그림에는 다른 문제도 있다. 그림에서 원을 그리고 그 안에 마이너스(-) 부호를 넣어 전자를 표시했다. 그림을 보면 전자의 크기가 원자핵 안에 있는 양성자나 중성자의 크기와 같아 보인다. 하지만 실제로 전자는 이렇게 둥근 원으로 그릴 수 없다. 표준적인 의미에서 전자의 크기는 0이다. 전자는 크기라는 속성을 갖지 않는다. 따라서 전자가 둥근 구의 모습인지, 약간 찌그러진 타원의 꼴인지를 이야기하는 것 자체가 아무런 의미가 없다. 수학의 기하학에서도 점은 크기는 없고 위치만 있는 수학적인 존재여서 점 하나가 둥근 원 모양인지, 네모난 사각형인지 이야기하는 것이 아무 의미가 없는 것과 마찬가지다.

전자는 크기가 없고, 모습도 없다. 또 색깔도 없다. 색이 없어 무색으로 보인다는 뜻이 결코 아니다. 전자는 우리가 말하는 '색'이라는 속성 자체를 갖지 않는다. 전자는 우리가 사는 세상에서 익숙하게 만나는 물체와는 비교하고 싶어도 비교할 대상이 없는 존재다. 이처럼 전자가 우리가 익숙한 특성을 갖지 않는다는 것을 재밌게 '전자는 머리카락이 없다'고 비유적으로 표현하기도 한다. 전자는 대머리라는 뜻이 아니다. 전자는 머리도 없고 머리카락도 없다. 전자는 눈썹도, 눈도, 얼굴도 없다. 전자와 같은 물리학의 근본 입자들은 전하량, 스핀 등과 같은 아주 적은 수의 특성만을 가진다.

그림의 또 다른 오해를 살펴보자. 양성자 2개, 중성자 2개가 뭉쳐 있는 원자핵의 크기와 비교하면, 원자핵과 전자 사이의 실제 평균 거리는 그림의 원의 반지름보다 훨씬 더 커야 한다. 혹은 거꾸로 만약 원자핵과 전자 사이의 평균 거리가 그림의 원의 반지름에 해당한다면, 원자핵의 크기는 그림에서보다도 훨씬 더 작아야 한다.

지금까지 내가 한 이야기를 정확히 표현하는 그림을 그리는 것은 사실 불가능하다. 어쩔 수 없이 개략적으로 원자의 모습을 표현할 수밖에 없다. 하지만 이런 그림을 볼 때 독자는 원자의 실제 모습을 그린 것이 아니라, 아주 거칠게 대충 개략적인 정보만이 담긴 그림이라는 것을 잊지 않기를 바란다.

그렇다면 실제 원자는 어떤 모습일까? 앞에서 이야기한 보이저호처럼 원자 속을 여행하는 상상의 우주선을 떠올려보자. 원자 중 가장 작은 크기인 것이 바로 수소다. 중수소나 삼중수소의 경우에는 중성자가 하나 또는 둘이 원자핵에 들어 있지만, 우리가 자연에서 보는 대부분의 수소 원자는 딱 양성자 하나로만 이루어진 원자핵을 가진다.

실제 보이저호가 태양계를 탐사했다면, 우리의 상상 속 우주선은 원자 내부를 탐험한다. 태양계의 중심에 태양이 있듯이, 수소 원자의 한가운데 원자핵이 놓여 있다. 수소의 원자핵이 태양의 크기라고 가정해보자. 수소의 원자핵에서 출발한 상상의 우주선은 이제 전자를 향해 나아간다. 수소 원자핵의 크기를 태양의 크기로 확대하면 우리의 상상의 우주선은 얼마나 먼 거리를 나아가야 수소 원자의 전자를 만나게 될까? 놀라지 마시라. 원자핵이 태양이라면 수소 원자가 가진 딱 하나의 전자는 명왕성보다 10배 더 먼 거리에 있다. 실제 보이저호는 명왕성 정도까지의 거리를 날아가면서 여러 멋진 구경거리도 있었다. 목성, 토성, 천왕성, 해왕성을 차례차례 둘러보며 쉬어갈 수도 있었다. 그러나 원자의 내부를 여행하는 상상의 우주선은 전자를 만나기까지 아무것도 볼 것이 없다. 명왕성의 열 배의 거리까지 날아가는 도중에 아무것도 만나지 못한다.

원자의 내부는 이처럼 정말로 텅텅 비어 있다. 텅텅 비어 있다고 할 만한 태양계보다도 훨씬 더 텅텅 비어 있다. 실제 수소 원자의 내부는 딱 하나의 양성자와 딱 하나의 전자를 빼면 모두 진공이다. 아무것도 없는 허공이다.

우리 안에도 허공이 있다. 우리 몸은 많은 원자로 구성되어 있고, 원자 하나하나는 모두 다 텅텅 비어 있다. 아무것도 없다고 얘기할 수 있을 정도로 텅텅 빈 허공이다. 눈을 돌려서 바깥을 보면 우리의 밖도 허공이다. 지구에서 출발한 보이저 1호는 지금껏 40여 년을 날아갔다. 앞으로 거의 7만 년을 더 가야 첫 번째 별을 만난다. 밖에 있는 허공과 안에 있는 허공 사이 어딘가에 인간이 존재한다. 안을 보나 밖을 보나 아무것도 없는데, 거의 없는 것과 다름 없는 작은 것들이 모여 인간이라는 존재를 만든 셈이다. 우리의 안이나 밖이나 어느 쪽으로 시선을 돌려도 우리 눈에는 거의 허공만이 보인다.

허공을 여행하는 상상을 한다. 작은 쪽을 향한 여행이 나 큰 쪽을 향한 여행이나, 여행 중 우리는 아주 드물게 존 재를 만난다. 허공을 가로지르는 여행에서 만나게 되는 이런 존재들은 정말 소중하다. 거의 없는 것과 다름없는 작은 것들이 모여 인간이 된다.

우리는 서로에게 닿을 수 있을까

물리학으로 인간이라는 존재를 모두 설명하는 것은 당연 히 불가능하다. 하지만 인간이라는 존재의 성질은 물리학 의 자연법칙을 따른다. 모든 것이 물리학은 아니지만, 물 리학을 위배하는 어떤 것도 세상에는 존재할 수 없다는 것이 많은 과학자의 생각이다. 사람이 가만히 앉아 생각 만으로 공중 부양을 할 수도 없고, 지구 반대쪽 사람의 생 각을 내가 이 자리에서 아무런 연결 없이 알아낼 수도 없다. 아무것도 먹지 않고 체중이 느는 사람도 없고, 뇌가 없이 생각할 수 있는 사람도 없다. 물리학이 모든 것을 설명할 수는 절대로 없지만 어떤 것이 불가능한 것이지는 답할 수 있는 것이 많다.

많은 원자가 모여 사람의 몸을 이루고, 원자로 이루어진 사람의 몸은 물리학의 상호작용인 전자기력과 중력의 영향에서 벗어날 수 없다. 내부가 텅텅 빈 수많은 원자가 모여 이루어진 인간은 중력의 영향을 이기고 직립보행을 하는 과정에서 지금의 모습이 되었다. 만약 내 몸을 이루는 구성 성분과 몸의 밀도를 똑같이 유지하면서 내 키가 지구의 반지름인 6,400km라면 나는 절대로 이런 모습일 수 없다. 키의 세제곱에 비례해 늘어난 질량으로 엄청난 중력이 생기기 때문이다. 앞에서 설명했듯이 내 모습은 지구처럼 완전히 동그란 구의 모습일 수밖에 없다. 내 몸에 두 팔과 두 다리가 있고 머리가 있는 지금의 모습은 내가 지구처럼 크지 않기 때문이다. 내 몸의 모습도 결국은 물리학의 원칙에 위배될 수 없다.

내 몸을 이루는 원자는 하나같이 텅텅 비어 있다. 내 안에는 아무것도 없어 비존재라고 할 허공이 내 몸을 이루는 존재보다 훨씬 더 많다. 나는 허공이다.

오랜만에 만난 친구와 악수를 한다. 내 손과 친구의 손이 만나지만 사실 만난 것은 아무것도 없다. 내 손도, 친구의 손도 모두 허공이나 다름없기 때문이다. 오랜 친구와 악수를 나누며 내게 따뜻한 체온으로 전달되는 느낌의 근원은 결국 내 손 원자와 내 친구 손 원자가 가까워지는 데 있다. 따뜻한 체온으로 운동에너지가 큰, 친구 손의 원자의 떨림은 내 손 원자에 전달되어 운동에너지를 크게 한다. 이렇게 늘어난 원자의 운동에너지가 내 손 피부의 감각점을 자극하고 그 자극이 전기적인 신호로 내 뇌에 전달된 거다. 굳은 악수의 느낌도 마찬가지다. 내 손에 작용하는 서로 밀치는 전자 사이의 전기력으로 발생한 압력을 피부의 압력 수용기가 감각해 뇌로 전달한 것이다. 오랜 친구와 나눈 멋진 악수의 느낌도 결국은 물리학의 원칙을 따른다.

뉴턴이 처음 중력 법칙을 세상에 알렸을 때, 사람들이 쉽게 받아들이지 못한 이유가 있다. 바로 먼 거리 상호작용action at a distance의 문제다. 뉴턴의 중력은 질량을 가진 두 물체 사이에 아무런 매개체도 없이 순간적으로 서로 끄는 힘이기 때문이다. 뉴턴 이전 사람들은 한 물체가 다른 물체에 힘을 작용하려면 서로 닿아야 한다고 믿었다. 힘은

오로지 두 물체 사이의 접촉에 의해서만 작용한다는 생각이다. 우리 일상의 경험을 떠올리면 당시 많은 사람이 먼 거리 상호작용인 중력을 받아들이기 쉽지 않았을 것을 충분히 짐작할 수 있다. 책상 위에 놓인 책을 옆으로 옮기려면 힘이 필요하다. 우리가 손을 대고 밀어야 책이 움직인다. 뉴턴의 중력은 마치 손을 대고 밀지도 않았는데도 물체가 움직일 수 있다는 이야기로 들린다.

뉴턴 중력의 먼 거리 상호작용의 문제는 이후 아인슈타인의 중력 이론인 일반상대성이론에 의해 해결된다. 질량이 있는 물체는 주변의 시공간을 변형시킨다. 그리고 이렇게 변형된 시공간은 그 장소에 있는 다른 물체의 운동에 영향을 준다. 일반상대론은 시공간 곡률 변화로 중력을 설명하지만, 굳이 일반상대성이론으로 설명하지 않아도 다른 방식의 설명도 가능하다.

뉴턴은 첫 번째 물체가 멀리 떨어진 두 번째 물체와 순간적으로 공간을 넘어 상호작용을 하는 것이 중력이라고 생각했지만, 중력장을 이용해 중력을 다른 방식으로 이해할 수도 있다. 질량이 있는 물체가 모든 공간에 중력장을 만든다고 생각하는 방식이다. 첫 번째 물체가 공간에 만든 중력장은 어디에나 있다. 두 번째 물체는 멀리 떨어진 첫 번째 물체와 먼 거리 상호작용을 순간적으로 하는 것이 아니라, 첫 번째 물체가 공간에 만들어낸 중력장이 지금 자신이 있는 바로 그곳에서 두 번째 물체에 영향을 준다고 해석할 수 있다. 태양은 공간 어디에나 중력장을 만들고, 지구는 현재 자신이 있는 곳의 중력장의 영향을 받는다고 중력을 설명할 수 있다.

거의 전부가 허공으로 이루어진 두 사람의 마음이 서로 닿기도 한다. 아무것도 없는 것으로 이루어진 두 존재가 아무것도 없는 허공을 건너 서로 마음이 닿는다. 먼 거리 상호작용인 뉴턴의 중력은 물리학으로 이해했지만, 두 허공 사이에서 허공을 건너 전달된 마음은 물리학에 위배되지는 않아도 물리학으로 이해할 수는 없는 정말 신기한 일이다. 기적 같은 일이다.

Q

내 인생을
위한
질문

물리학의 눈으로 우주와 인간을 보면
모두 텅 빈 허공과 같다. 거의 아무것도 없는
우주에서 작은 입자들이 모여 중력의 영향에서
벗어나고 진화해 인간의 모습을 갖추게 되었다.
이러한 우리는 얼마나 소중한 존재인가?
그리고 이런 우리는 서로에게 어떤 의미인가?

A

나만의 답을
적어보세요

6강

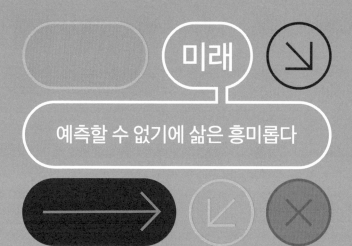

미래

예측할 수 없기에 삶은 흥미롭다

바로 이 순간
어떤 선택을 하는지가
나의 미래를
크게 바꾼다.

나의 미래를 알 수 있을까

미래는 결정되어 있을까? 오래전부터 인간이 가져온 근원적인 호기심이다. 인간은 계속해서 미래를 궁금해하고, 앞날을 예측하고 싶어하는 존재다. 과거로 돌아가 내가 지금까지 저지른 실수를 모두 바로잡을 수 있다면 얼마나 좋을까? 딱 일주일 전으로 돌아가 다음 주 당첨번호가 적힌 로또를 구입할 수는 없을까? 왜 과거는 하나의 사실로 기억하고, 미래는 온통 불확실해 보이는 걸까? 과거에서 현재를 거쳐 미래로 이어지는 시간의 흐름에서 왜 미래는 과거와 달라 보일까?

과거로 돌아가 상황을 바꾸거나 미래를 알면 어떤 일이

벌어질지를 상상하는 영화와 소설이 많다. 영화 〈백 투 더 퓨처Back to The Future〉에는 과거로 돌아간 주인공이 자신의 부모가 사랑에 빠지는 것을 돕는 내용이 재밌게 다뤄지고, 영화 〈페노메논Phenomenon〉에서는 현재의 아들이 과거의 아버지와 단파 라디오로 이야기를 주고받는다. 비슷한 설정의 우리나라 드라마 〈시그널〉을 재밌게 본 기억도 난다.

2020년 개봉한 영화 〈테넷Tenet〉은 엔트로피를 감소시켜 현재에서 과거로 시간의 방향을 뒤집은 세상을 그리기도 했다. 영화의 영어 제목 'Tenet'의 철자에도 그 의미가 담겨 있다. 'Tenet'은 앞에서부터 읽으나 뒤에서부터 읽으나 정확히 같은 철자가 되기 때문이다. 테드 창Ted Chiang의 원작 소설 〈당신 인생의 이야기Stories of Your Life and Others〉를 영화로 만든 〈컨택트Arrival〉에는 미래를 과거처럼 딱 하나의 외길로 미리 알 수 있는 외계 지적 생명체가 등장하기도 한다. 히가시노 게이고東野圭吾의 『라플라스의 마녀ラプラスの魔女』를 바탕으로 만든 동명의 영화에서도 무한한 지적 능력을 가져 주변 공기 분자의 미래 흐름까지도 미리 정확히 알 수 있는 인물이 등장한다. 독성 물질을 공기 중에 슬쩍 살포해 멀리 떨어진 곳에 있는 사람을 죽일 수 있는 능력을 가진 존재다. 이처럼 과거로 돌아갈 수 있는 존재, 미래

를 미리 알 수 있는 존재를 우리는 자주 상상한다.

　나는 대학생 때 뉴턴의 운동 법칙을 배우고 태양계 행성들의 운동을 컴퓨터 화면에 구현해보는 프로그램을 만든 적이 있다. 저장 용량이 1MB도 안 되는 플로피디스크에 이 프로그램을 저장해서 지금도 연구실에 가지고 있다. 이 디스크에 담긴 프로그램을 불러올 드라이버가 이제는 없어서 실행해보지는 못하고 있다.

　당시 내가 작성한 컴퓨터 프로그램을 실행하면 화면에 태양과 행성 궤도들이 나타났다. 화면의 왼쪽 아래에는 날짜가 표시돼 있었다. 날짜가 하루하루 빠르게 지나면서 그에 따라 변하는 행성의 움직임이 화면에 나타나도록 한 프로그램이었다. 당시에 행성만 넣기는 심심해서 핼리혜성의 운동도 프로그램에 구현해 넣었다. 원에 가까

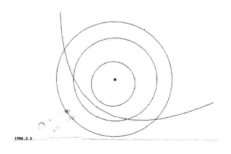

내가 만든 프로그램에 나타난 태양과 행성 궤도

운 행성 궤도와 달리 핼리혜성의 궤도는 매우 긴 타원의 모습으로 나타났다. 컴퓨터 화면에서 날짜가 진행하다가 76년이 지나는 순간, 핼리혜성이 화면의 한쪽 구석에서 등장했다가 '슝' 하고 화면의 반대쪽으로 나가는 것을 볼 수 있었다. 컴퓨터 화면에 표시된 시간이 76년이 지날 때마다 말이다.

이걸 보면서 태양계가 정말 뉴턴의 동역학 법칙을 잘 따르고 있고, 우주는 마치 기계처럼 정확하게 움직이고 있다는 인상을 강하게 받았다. 핼리혜성의 주기 76년은 내가 프로그램에 설정해놓은 수치가 아니었다. 프로그램에는 뉴턴의 중력 법칙과 운동 법칙만 들어가고, 행성과 혜성의 위치는 당시 한 천문학 잡지에 실린 표의 수치를 이용해 특정한 시점의 한 곳만 설정했을 뿐이다. 핼리혜성의 주기는 프로그램의 입력 데이터가 아닌, 프로그램의 실행 결과였다.

뉴턴의 고전역학은 결정론적인 특성을 띤다. 결정론은 과거의 원인으로 미래의 결과가 정해져 있다는 의미인데, 뉴턴의 고전역학이 왜 결정론적인지는 뉴턴의 운동 법칙 $F=ma$로 설명할 수 있다. 이 식을 미분의 정의를 이용해 조금 다르게 바꾸어 적으면 다음과 같이 적을 수 있다.

$$v(t+dt) = v(t) + a(t)dt$$

$$x(t+dt) = x(t) + v(t)dt$$

두 식은 각각 물체의 속도 v와 위치 x가 시간 t가 지나면서 어떻게 변하는지를 알려준다. 위의 식을 자세히보자. 두 식 모두 등호의 오른쪽에 등장하는 시간은 t이지만 등호의 왼쪽에 등장하는 시간은 $t+dt$로 적혀 있다. 이유가 있다. 두 식 모두 등호의 오른쪽에는 현재에 대한 정보만이 담겨 있는 데 비해, 등호의 왼쪽에는 현재보다 시간이 더 진행된 미래의 정보가 표현되어 있다. 위의 두 식은 현재의 정보로부터 미래를 알아낼 수 있다는 것을 명확히 보여준다. 위의 수식에 등장한 dt는 아주 짧은 시간을 의미하므로, 현재의 정보로 잠깐 뒤 미래의 정보를 알아낼 수 있다. 뉴턴의 고전역학이 보여주는 가장 놀랍고 중요한 특징이다.

위의 두 식을 얼마든지 여러 번 반복해 적용하면 현재의 정보만을 가지고도 하루 뒤, 또는 100년 뒤에 물체가 어떤 운동 상태에 있을지를 알아낼 수 있다. 바로 뉴턴 역학이 가지고 있는 결정론적인 성격이다. 현재의 물체의 정보로부터 주어지는 물체의 미래는 딱 하나로 결정된다.

현재 위치에서 앞으로 딱 한 발짝 나아가는 방법을 알고 있는 사람은 그곳에서 한 발짝 더 앞으로 내디딜 수 있다. 한 발짝 걸을 수 있는 사람은 아무리 먼 거리라도 걸어갈 수 있다는 말이다. 마찬가지다. 뉴턴의 운동방정식을 딱 한 번 이용하면 짧은 시간 뒤의 미래를 알 수 있을 뿐이지만, 이 과정을 여러 번 반복하면 먼 미래의 정보도 알아낼 수 있다.

피에르 시몽 라플라스Pierre Simon Laplace는 고전역학의 결정론적인 성격에 착안해 미래를 미리 알 수 있는 존재에 대한 극단적인 상상을 소개한 과학자다. 라플라스는 우주에 존재하는 모든 입자의 위치와 속도를 알고, 모든 입자들 사이에 존재하는 모든 힘을 알아 뉴턴 운동방정식의 해를 정확히 구할 수 있는 '라플라스의 악마'라고 불리는 무한한 지적 능력을 가진 존재를 상상했다. 라플라스의 악마는 현재의 모든 정보를 모아서 미래 임의의 시간에 우주에 있는 모든 입자의 위치와 속도를 알 수 있다. 히가시노 게이고의 소설『라플라스의 마녀』에 '라플라스'라는 이름이 등장한 이유다.

우리가 시간이 지나며 마주하게 되는 미래는 라플라스의 악마가 보는 미래와 물론 같은 세상의 미래다. 하지만 라플라스의 악마는 같은 미래를 우리와 다르게 본다. 100년 뒤, 1,000년 뒤에 도대체 세상에 무슨 일이 생길지, 내가 내일 아침에 일어나서 주스 한 잔을 마실지 우유 한 잔을 마실지를 지금 이 순간 이미 알고 있는 존재가 라플라스의 악마다. 동전을 던지면 앞면이 나올지 뒷면이 나올지 우리는 미리 알 수 없지만, 라플라스의 악마는 이미 알고 있다. 내가 바로 지금 동전을 던질지 말지도 내가 태어난 순간에 이미 결정되어 있어 벌써부터 알고 있는 존재다.

내가 태어난 순간이라고 특별할 것도 없다. 라플라스의 악마의 눈에는 우주가 탄생한 직후에 이미 내가 21세기의 특정 시점, 지구라는 작은 행성의 바로 이곳에서 동전을 던질지 말지, 내가 던진 동전이 앞면이 나올지 뒷면이 나올지가 이미 모두 정해진 사실로 보인다.

라플라스의 악마에게 미래는 과거와 다를 것이 없다. 우리가 뒤돌아본 과거가 딱 하나의 외길로 존재하듯이, 라플라스의 악마가 보는 미래도 딱 하나의 외길로 존재한다. 라플라스의 악마에게 과거와 미래의 구분은 없다. 우리가 하나의 과거를 기억하듯, 미래도 딱 하나로 이미 기억하는 존재다. 그러나 라플라스의 악마와 달리 미래를 지금 미리 알 수 없는 우리에게 미래는 온통 불확실하다.

미래는 이미 결정되어 있다

식빵에 버터를 바르다가 실수로 떨어뜨린 경험이 있는 사람이 많다. 버터를 바른 쪽이 땅에 떨어질까, 아니면 버터를 바르지 않은 쪽이 땅에 떨어질까? 세상에서 생길 수 있는 일이 두 가지 서로 다른 경우가 있을 때는 항상 안 좋은 방향으로 사건이 일어난다는 이야기가 있다. 바로 '머피의 법칙Murphy's Law'이라고 부르는 심리적인 현상이다. 머피의 법칙에는 여러 종류가 있다. 버터 바른 식빵은 항상 버터 쪽이 바닥에 닿는다는 것도 일종의 머피의 법칙이다. 다른 사례도 많다. 내가 운전하고 있는 차선이 옆 차선보다 항상 더 막히고, 대형 마트에서 구입한 상품의 가격을 결제하려고 줄을 서면 내 옆줄이 항상 더 빨리 줄어든다.

머피의 법칙 중에는 우리가 인상적인 경험을 더 강하게 기억하기 때문이라고 설명할 수 있는 것도 있지만, 꼭 그런 것은 아니다. 버터 빠른 식빵이 예다. 버터 바른 식빵은 정말로 버터 바른 쪽이 땅에 닿을 가능성이 더 크다는 것을 밝힌 논문이 있다. 로버트 매슈스Robert Matthews라는 영국의 과학자가 실제로 버터 바른 식빵을 떨어뜨렸을 때 어느 쪽이 바닥에 떨어질까를 연구해 논문을 썼다. 매슈스는 논문 「떨어지는 토스트, 머피의 법칙과 기본 상수 Tumbling Toast, Murphy's Law and the Fundamental Constants」에서 식탁의 일반적인 높이, 지구의 중력가속도 등을 이용해서 실제로 버터 바른 쪽이 땅에 떨어질 확률이 더 높다는 것을 이론적인 계산을 통해 밝혔다.

> 아인슈타인이 생각하기에 신은 아주 미묘한 존재이지 악의가 있는 존재는 아닌 것 같다. 하지만 버터 바른 식빵 문제를 생각하면 신이 창조한 우리 우주에 아쉬운 점이 좀 있다.

매슈스가 논문의 결론 부분에 쓴 글이다. 여기서 아인슈타인이 말하는 '신'은 '자연법칙'을 말한다. 당연히 우주의 현상을 만들어내는 자연법칙에 악의가 있을 리는 없다. 다만 자연법칙 때문에 우리가 사는 세상에서는 아쉽게도 버터 바른 쪽이 땅에 떨어질 확률이 더 클 뿐이다. 우리 인간의 키가 조금 더 크거나 조금 더 작았다면 우리가 이용하는 식탁의 높이가 달라져, 매슈스가 얻은 연구 결과와 다른 세상이 될 수도 있었다. 우리 인간이 살아가는 지구의 중력가속도가 지금보다 더 크거나 작았어도, 버터 바른 식빵이 바닥에 닿을 때 버터 바른 쪽이 위를 향하는 세상이 될 수도 있었다.

우리 인간의 전형적인 키와 지구의 가속도가 지금과 정확히 같은 값으로 결정되어야 할 이유는 물리학의 자연법칙에서 찾을 수 없다. 자연법칙이 꼭 인간이 식빵에 버터 발라 먹기에 불편한 세상을 만들 이유는 없지만 우리가 사는 세상에서는 우연히 버터 바른 쪽이 땅에 닿는 일이 더 자주 발생할 뿐이다. 나도 아쉽다.

앞서 소개한 과학자의 연구로 우리는 버터 바른 식빵이 땅에 닿을 때 어떤 일이 벌어지는지를 이제 어느 정도 이해할 수 있다. 과거에는 어떤 결과가 나올지 전혀 예측할 수 없었던 현상이 이제 인간의 지성으로 어느 정도 예측을 할 수 있게 되었다는 의미다.

내가 지금 던진 동전이 앞면이 나올지 뒷면이 나올지를 알 수 없는 것도 어쩌면 마찬가지의 현상일 수도 있다. 우리가 미래에 어떤 현실을 보게 될지 모르는 이유는 우리가 아직 그 현상을 정확히 이해하지 못한 것이 이유일 수도 있다. 내일 비가 올지 아닐지를 우리 선조는 아무런 예측을 할 수 없었지만, 현대를 살아가는 우리는 정확한 예측은 아닐지라도 어느 정도 높은 확률로 내일의 기상을 예측할 수 있다.

버터 바른 식빵을 다룬 매슈스의 논문은 내게 흥미와 함께 깊은 고민거리를 준다. 라플라스의 악마가 정확히 이미 알고 있는 미래를 우리는 온통 안개로 감싸 있는 불확실성으로 본다. 그 이유는 자연법칙이 가진 객관적인 속성 때문이 아니라 어쩌면 단지 우리 인간 지성의 한계 때문인 것은 아닐까? 머나먼 미래 엄청난 지성을 가지게 된 물리학자는 내가 다음 날 아침에 커피를 마실지 우유를 마실지, 그 전날 내게 미리 알려줄 수 있는 것은 아닐까? 미래가 과거와 달리 여러 갈래의 가능성으로 보이는 이유는 정말로 미래가 그런 형태라서가 아니라, 인간 지성의 주관적 한계 때문인 것은 아닐까?

고전역학은 이미 결정되어 있는 미래를 우리에게 이야기한다. 그렇다면 왜 동전을 던졌을 때 앞면이 나올지 뒷면이 나올지는 미리 알 수 없는 것일까? 뉴턴에게 같은 질문을 한다면 어떤 대답을 듣게 될지는 쉽게 예상할 수 있다. 뉴턴은 자신의 운동방정식에는 아무런 문제가 없다고, 단지 동전을 던진 결과를 미리 알 수 없는 이유는 동전에 대한 정보가 부족하기 때문일 뿐이라고 답할 것이 분명하다.

한번 생각해보자. 우리 각자가 동전을 던질 때, 정확히 같은 높이에서 정확히 똑같은 방식으로 매번 동전을 던질 수만 있다면 당연히 앞면, 뒷면 중 원하는 결과를 만들어 낼 수 있다. 윷놀이를 할 때 윷가락을 아주 낮은 높이에서 들고 있다가 바로 아래로 살짝 내려놓으면 다른 팀 모두가 반칙이라고 불평하며 다시 던지라고 요구하는 이유이기도 하다. 아주 적은 오차로 동전을 매번 똑같이 던질 수 있는 로봇 팔을 상상해볼 수도 있다. 아마도 이 로봇 팔은 동전을 던질 때마다 늘 앞면이 나오도록 할 수 있을 것이다.

내가 구입해 가지고 있는 재밌는 주사위가 있다. 예를 들어 점 넷이 찍혀 4의 눈이 보이는 면을 위로 해 바닥에 놓고, 잠시 기다린 후에 주사위를 던지면, 4의 눈이 훨씬 더 높은 확률로 나오는 결과를 얻는다. 주사위를 분해해보지는 않았지만, 어떤 원리일지는 쉽게 짐작할 수 있다. 주사위 내부에 마친 모래시계 같은 공간이 있다고 상상해보자. 4의 눈이 위를 향하도록 하고 잠시 기다리면 모래시계처럼 생긴 공간의 아래쪽으로 모래가 이동해 주사위의 무게 중심이 4의 눈이 보이는 면의 반대 방향으로 이동하게 된다. 이 상태에서 주사위를 던지면 당연히 4의 눈이 높은 확률로 나타나게 된다. 무게 중심이 아래에 있을 때가 위에 있을 때보다 더 안정적인 상태이기 때문이다. 중력에 의한 퍼텐셜에너지로 물리학이 쉽게 설명할 수 있는 현상이다.

마찬가지로 우리가 미래를 정확히 예측할 수 없는 이유는 우리가 가진 정보가 부족하기 때문일 수 있다. 동전을 던질 때의 높이, 속도, 그리고 각속도와 회전축에 대한 충분한 정보가 있다면 어쩌면 동전을 던져 앞면이 나올지 뒷면이 나올지 정확히 예측할 수 있을지도 모른다. 내가 가지고 있는 장난감 마술 주사위처럼 우리가 그 대상에 대해 충분한 정보를 가지고 있는지 아닌지가 우리가 미래를 예측하는 능력에 큰 영향을 미치는 것으로 보인다.

뉴턴의 운동방정식은 미래는 이미 결정되어 있다고 우리에게 말해준다. 여러 물체가 함께 영향을 주고받고 있는 복잡한 운동이라 해도 마찬가지다. 운동방정식이 아무리 복잡해보여도 뉴턴 운동방정식의 결정론적인 성격은 달라질 수 없다. 우리 사는 세상에서 미래가 전혀 예측할 수 없을 정도로 복잡한 현상이라도 그 현상을 만들어내는 모든 구성 요소가 고전역학을 따른다면, 미래는 이미 결정되어 있을 수밖에 없다. 그러나 결정되어 있어도 우리가 예측할 수 있는 것은 아니라는 것이 중요하다.

카오스, 결정되어 있지만 예측은 할 수 없다

기상학자 에드워드 노턴 로렌즈Edward Norton Lorenz는 딱 하나로 결정되어 있는 미래라도 우리가 예측할 수는 없다는 것을 명확히 보여준 사람이다. 로렌즈는 기상 현상을 몇 개의 미분방정식으로 단순화해 설명하는 수치 모형을 만들었다. 이 모형을 컴퓨터 프로그램으로 구현해서 미래의 기상을 예측하고자 했다.

로렌즈가 기상 현상의 예측 불가능성을 깨닫게 된 일화가 무척 재밌다. 로렌즈는 어느 날, 당연히 같은 결과가 나올 것으로 믿었던 두 시뮬레이션이 큰 차이를 보이는 것을 발견하게 된다. 먼저 로렌즈는 컴퓨터 프로그램을 이용해 미분방정식을 수치 적분하는 도중 계산을 잠깐 멈추고는 그 시점에 컴퓨터가 가지고 있는 변수의 값을 프린터로 출력했다. 컴퓨터가 종이에 프린터로 출력한 값은 0.506이었다. 로렌즈는 이 값을 초기 값으로 해서 컴퓨터 계산을 이어서 계속해 최종 결과를 얻었다.

도중에 잠깐 멈추고 중간 결과를 출력하고, 출력된 종이의 숫자를 다시 입력해 계산을 이어가서 얻은 최종 결과를 A라고 하자. 그다음 로렌즈는 중단하지 않고 같은 프로그램을 한번에 끝까지 이어서 컴퓨터 계산을 한 결과, B를 얻었다. 생각해보라. A와 B가 다를 수 있을까? B를 얻은 과정과 A를 얻은 과정의 차이는 딱 하나뿐이다. A를 얻는 과정에서는 중간 결과를 출력하고 그 값을 다시 입력해 계산을 이어서 했을 뿐이었다. B를 얻는 과정에서는 도중에 잠깐 멈추지 않았을 뿐이어서 당연히 A와 B가 큰 차이를 보일 수는 없다고 생각했다. 하지만 로렌즈는 놀라운 발견을 하게 된다. 둘이 큰 차이를 보인 것이다.

　　로렌즈는 신기한 일 정도로만 생각하지 않고 왜 두 결과가 다른지를 고민했다. 그러다가 당시 그가 이용한 프린터로 출력한 숫자가 컴퓨터 내부의 메모리에 실제로 저장되어 있던 숫자와 다르다는 것을 알게 된다. 메모리에 저장된 숫자는 0.506127로 소수점 아래 6개의 유효숫자가 있었지만, 이 값을 프린터가 출력하는 단계에서는 유효숫자를 셋으로 줄여 0.506이라는 값을 출력한 것이다. 그리고 0.000127이라는 두 숫자의 아주 작은 차이가 로렌즈가 얻은 최종 결과 A와 B의 큰 차이를 만들어냈다는 것을 깨닫게 된다. 바로, 로렌즈가 우연히 발견한 카오스Chaos 현상이다. 이로 인해 처음의 아주 작은 차이가 최종적인 결과에서 얼마든지 큰 차이를 만들어낼 수 있다는 것이 알려지게 되었다.

로렌즈는 카오스 현상을 사람들에게 설명할 때 비유적으로 '나비효과butterfly effect'를 이야기했다. 브라질에서 나비 한 마리가 퍼덕퍼덕 날갯짓을 하면 멀리 떨어진 텍사스에서 토네이도가 만들어질 수 있다는 내용이다. 즉 날개를 퍼덕였을 때와 퍼덕이지 않았을 때의 차이가 토네이도가 발생하느냐 발생하지 않느냐 하는 엄청나게 다른 결과를 만들 수 있다는 것이다.

나비 한 마리의 작은 날갯짓이 먼 장소의 기상을 크게 바꿀 수 있다면 과연 우리가 토네이도를 예측하는 것이 가능할까? 로렌즈는 이러한 예측 불가능성이 결정론적인 미분방정식에 얼마든지 숨어 있을 수 있다는 것을 우리에게 명확히 알려준 과학자다.

로렌즈가 A와 B의 차이로부터 카오스를 처음 발견한 컴퓨터 프로그램은 정확히 같은 프로그램이라는 것이 중요하다. 결과의 차이는 사용한 프로그램이 달랐기 때문이 아니었다. 기상 현상을 설명하기 위해 로렌즈가 이용한 미분방정식도 당연히 A와 B의 결과를 얻을 때 정확히 같았다.

로렌즈가 기상현상에서 발견한 카오스는 이후 도처에서 발견되고 있다. 뉴턴의 운동방정식으로 기술되는 역학 문제도 예외가 아니었다. 뉴턴의 운동방정식으로 표현되는 현실의 다양한 문제에서 카오스가 줄곧 발견되었다. 카오스가 알려준 예측 불가능성은 뉴턴의 운동방정식 자체의 문제는 아니라는 이야기다. 뉴턴의 결정론적인 운동방정식을 따르더라도 얼마든지 큰 폭의 예측 불가능성을 실제 현실이 보여줄 수 있다는 결론이다.

뉴턴의 운동방정식을 따르는 자연현상의 미래를 어떻게 하면 우리가 정확히 예측할 수 있을지 생각해보자. 모든 물체가 처음 운동을 시작하는 순간, 우리가 모든 물체의 위치와 속도를 무한대의 정확도로 파악해서 뉴턴의 운동방정식에 입력할 수 있다면 미래를 예측할 수 있다. 하지만 우리는 절대로 물체의 처음 위치와 속도를 무한대의 정확도로 알아낼 수는 없다.

로렌즈가 발견한 카오스가 우리에게 알려주는 교훈은 우리가 물체의 위치를 소수점 아래 100자리까지 알고 있다고 해도, 그 정확도가 충분하지 않다는 것이다. 101번째 자리에 오는 숫자가 1인지, 2인지에 따라 물체의 미래가 엄청난 차이를 보인다. 소수점 아래 1,000자리까지 안다고 해서 미래를 정확히 알 수 있는 것도 아니다. 1,001번째 자리가 무엇이냐에 따라 미래가 또 달라지기 때문이다. 자연이 가진 물리적인 한계도 생각해볼 수 있다. 물체의 위치를 가능한 한 정확히 재기 위해서 우리는 어떤 잣대를 이용할 수밖에 없다. 간단한 예로, 책상 위에 놓인 볼펜의 길이를 자로 잰다면 볼펜 길이의 정확도는 자의 눈금이 얼마나 촘촘한지가 결정한다. 그리고 우리는 자의 눈금을 그으려면 어떤 도구가 필요할 수밖에 없고 이 도구는 결국 원자로 만들어질 수밖에 없다.

우리는 원자 하나의 크기보다 더 촘촘한 눈금을 가진 자를 만들 수 없다. 인간의 한계가 아닌 자연의 한계에 가깝다. 원자로 이루어진 자로 측정하는 물체의 위치는 소수점 아래 숫자의 개수에 당연히 한계가 생긴다. 그리고 그 한계 아래에 이어지는 우리가 파악할 수 없는 숫자의 작은 차이 때문에 미래를 정확히 예측할 수 없다.

알 수 없는 것이 훨씬 더 많다

비평형 통계역학에 관한 연구로 노벨상을 받은 일리야 프리고진Ilya Prigogine은 비선형 동역학과 카오스에 관한 연구로 여러 업적을 남겼다. 프리고진은 "뉴턴은 미래를 완벽하게 예측하는 우주의 법칙을 발견했지만, 아침에 우산을 가져가야 할지 말지를 결정할 수는 없었을 겁니다"라는 말로 뉴턴 역학의 결정론적인 세상과 우리가 살아가고 있는 세상의 예측 불가능성을 표현하기도 했다.

그는 아침에 우산을 가져갈지 말지를 결정할 수 있는 기상 현상에 관련한 자연법칙이 결정론적이 아니라고 주장한 것이 아니다. 비록 자연법칙이 결정론적이라고 하더라도 우리는 기상 현상을 미리 정확히 예측할 수는 없다는 뜻이다. 결정론과 예측 불가능성은 서로 이율배반적인 것이 아니다. 결정론을 따르지 않는다면 당연히 예측도 불가능할 것이 분명하다. 하지만 결정론을 따르더라도 우리가 미래를 정확히 예측할 수 없는 문제가 많다는 이야기다. 세상에는 카오스가 카오스가 아닌 것보다 훨씬 더 많다.

카오스 현상은 비선형 동역학을 따르는 자연현상에서 보편적으로 발견된다. 어떤 시스템이 '선형이다'라고 할 때, '선형'은 말 그대로 직선을 뜻한다. 2차원 평면 위에 놓인 직선의 방정식 $y = ax$를 떠올리면 된다. 이 일차함수의 독립변수인 x를 입력으로 생각하면 종속변수인 y는 출력에 해당한다. 직선 모양의 일차함수로 표현되는 문제는 아주 중요한 특성이 있다.

예를 들어 x_1=100.0과 x_2=100.00001처럼 아주 작은 차이만 있는 두 입력값을 생각해보자. 각각의 입력에 대해 출력되는 값은 $y_1 = 100a$와 $y_2 = 100.00001a$다. 다음에는 입력의 차이와 출력의 차이를 계산해보면 각각 $\Delta x = x_2 - x_1 = 0.00001$, $\Delta y = y_2 - y_1 = 0.00001a = a\Delta x$라는 것을 쉽게 확인할 수 있다. 선형 시스템의 경우, 입력의 작은 차이 Δx로 발생하는 출력의 차이는 $\Delta y = a\Delta x$로서 Δx에 비례한다. 입력의 작은 차이는 출력에도 작은 차이를 만들 뿐이라는 것이다. 선형 시스템은 카오스를 보여줄 수 없다.

다음에는 간단한 함수 $y = ax^2$을 생각해보자. 위의 계산을 $x_1 = x$, $x_2 = x_1 + \Delta x = x + \Delta x$로 놓고, Δx는 아주 작아서 $\Delta x^2 \ll x\Delta x$를 이용할 수 있다고 가정해서 다시 해보면, $\Delta y = a((x + \Delta x)^2 - x^2) = a(2x\Delta x + \Delta x^2) \approx 2ax\Delta x$를 얻게 된다. 즉 선형이 아닌 제곱 함수의 경우, Δy는 x가 커지면 Δx가 작더라도 큰 값을 가질 수 있다는 것을 볼 수 있다. 선형이 아닌 비선형 함수의 경우에는 카오스를 보여줄 수 있다. 로렌즈가 카오스를 발견한 것은 결국 그가 사용한 방정식이 선형이 아닌 비선형이었기 때문이다.

그렇다면 세상은 선형일까, 비선형일까? 종이 위에 두 점을 그리고 두 점을 잇는 여러 곡선을 떠올려보라. 직선은 딱 하나뿐이지만, 곡선으로 두 점을 잇는다면 우리는 무한개의 곡선을 떠올릴 수 있다. 세상에는 선형보다 비선형이 훨씬 더 많다. 자연현상은 모두가 다 비선형이라고 할 수 있을 정도로 선형은 무척 드물다.

대학에서 학생들을 가르치다보면 표준 교과과정의 문제로 학생들이 큰 오해를 할 수 있다는 것을 깨닫게 된다. 대부분의 물리학과 교과과정에서는 주로 선형 시스템만 배운다. 물리학을 전공한 학생이 아니라도 학생들이 물리학 시간에 어떤 것을 배우는지 생각해보면 고개를 끄덕일 수밖에 없다.

물체가 움직이는 것을 기술하는 고전역학을 고등학교 물리학이나 대학교의 일반물리학에서 가르칠 때는 몇 가지 경우만 교재에 등장한다. 힘이 없을 때와 힘이 일정할 때를 각각 먼저 배워서 등속운동과 등가속도운동을 가르친다. 그리고 이어서 나오는 문제가 용수철에 매달린 물체의 운동이다. 이 경우 물체에 작용하는 힘은 $F = -kx$로 적혀서 x에 비례한다. 전형적인 선형 시스템이다. 물론 진자의 문제도 배운다. 진자에 작용하는 중력은 진자가 수직 방향에 대해 이루는 각도를 θ라 하면, $\sin\theta$에 비례한다. 진자의 운동방정식은 비선형이다. 하지만 이대로는 진자

문제를 풀 수 없어서 다음에는 항상 단순화의 가정이 이어진다. 진자의 진폭이 아주 작다고 가정해서 $\sin\theta \approx \theta$로 어림해서 푼다. 대학에서도 대부분 선형 문제만 배운다. 여기에는 이유가 있다. 과학자들이 수식으로 정확히 이해할 수 있는 것은 선형 시스템뿐이어서 선형 시스템만 학생들에게 가르치고 설명할 수 있기 때문이다.

물리학 전공생 중에는 간혹 이 세상 모든 것을 물리학으로 설명할 수 있다고 자신하는 사람들이 있다. 커다란 오해다. 풀 수 있는 것만 배운 것일 뿐이다. 세상에는 선형보다 비선형 시스템이 비교할 수 없을 정도로 훨씬 더 많다. 풀 수 없어 교재에 담을 수 없는, 가르칠 수도, 배울 수도 없는 문제가 세상의 거의 전부다. 알 수 있는 것보다 절대 알 수 없는 것이 훨씬 더 많다. 예측할 수 없는 것이 세상의 대부분이다.

어떤 오늘을 선택할 것인가

과거와 현재 그리고 미래는 어떻게 서로 이어지는 것일까? 현재에서 과거를 돌이켜보면 과거는 딱 하나의 외길로만 존재한다. 물론 기억이 어렴풋해 어제 아침에 비가 와서 우산을 쓰고 집에서 나왔는지, 날씨가 맑아 우산이 필요 없었는지 헷갈릴 수는 있다. 하지만 어제 아침에 우산을 쓰고 나온 과거와 우산을 집에 두고 온 과거를 동시에 기억할 수는 없다. 미래는 과거와 다르다. 현재의 시점에서 미래는 여러 가능성의 형태로 존재한다. 내일 아침 비가 올지 아닐지, 우리는 두 가능성을 동시에 현재의 시점에서 떠올릴 수 있다. 시간이 흘러 내일이 현재의 시점이 되면, 우리는 두 가능성 중 하나를 본다. 현재에서 바라본 수많은 미래의 갈림길 중 하나가 시간의 흐름과 함께 매 순간 선택되는 모습이다. 과거는 외길이지만 미래는 수많은 갈림길이다.

과거로부터 이어진 외길이 미래의 여러 갈림길로 나뉘는 순간이 현재다. 시간이 흐르면 과거로부터 이어진 외길이 좀 더 길어지고, 갈림길이 시작하는 시점이 미래로 나아간다. 현재에서 미래를 향해 뻗어가는 여러 갈림길 중 하나가 바로 이 순간 나의 선택으로 정해지는 모습이다. 뉴턴 고전역학의 결정론은 현재에서 미래로 나뉘는 여러 갈림길 중에 어떤 길로 내가 걸어가게 될지가 이미 과거에 정해져 있었다는 것을 우리에게 보여주었다. 하지만 20세기에 눈부시게 발전한 카오스 이론은 조금은 다른 얘기를 들려준다. 결정은 되어 있을지 몰라도, 예측은 할 수 없는 미래를 보여준다. 뉴턴의 결정론적 고전역학에 따르면, 내 바로 앞에 놓인 미래의 여러 갈림길 중 어떤 길이 택해질지는 내가 지금 서 있는 바로 지금의 위치에 따라 달라진다. 카오스 이론은 현재 위치의 아주 작은 차이로도 내가 어떤 길로 걸어갈지가 달라진다는 것을 알려준다. 그리고 내가 지금 서 있는 곳의 위치를 무한대의 정확도로 파악할 수 없다는 극복할 수 없는 한계로 말미암아 미래를 알 수 없다는 것을 알려준다. 무한한 정확도로 현재의 상태를 파악할 수 없는 것이 인간의 주관적 한계인지, 자연이 가진 객관적인 한계인지는 아직도 논란거리다. 인간이 아닌 자연의 한계라는 것이 내 입장이다. 자연이 가진 상태에 대한 정보도 물리학의 한계를 넘어설 수는 없다는 입장이다. 자연은 무한대의 정확도를 허락하지 않는다.

현재의 나는 여러 갈림길 중 하나를 택할 수 있지만 선택한 길이 어떤 미래로 이어질지는 알 수 없다는 것을 카오스 이론은 말해준다. 내가 지금 과연 어디에 있는지 알 수 없다는 자연의 한계 때문이다. 딱 세 물체로 이루어진 역학계의 미래는 알 수 없다는 것이 바로 유명한 삼체문제Three-body Problem다. 표준적인 삼체문제에서 세 물체 사이의 상호작용은 또, 둘씩 짝을 이룬 형태다. 우리가 매일을 살아가는 세상사는 삼체문제에 비해 더할 나위 없이 복잡하다. 사람 사이의 관계도 둘씩 짝을 이룬 형태가 아니다. A와 B, B와 C, 그리고 C와 A 사이의 상호작용뿐 아니라, A, B, C가 동시에 함께하면 또 다른 상호작용도 가능하다. 삼체문제의 미래도 알 수 없는 과학이, 우리 사는 세상의 앞날을 미리 알 수 없는 것은 당연한 일이다.

어제는 역사이다. 내일은 미스터리이다. 오늘은 선물이다. 그래서 우리는 현재를 선물이라고 부른다. (Yesterday is history, tomorrow is a mystery, and today is a gift – that is why it is called the present.)

—영화 〈쿵푸팬더〉 중에서

어제는 딱 하나의 사실로만 존재한다. 내일은 다양한 가능성의 형태로 존재한다. 어제는 지나간 역사고, 내일은 미스터리다. 그렇다면, 어제와 내일이 만나는 오늘이 우리가 무엇이라도 선택할 수 있는 유일한 시점이다. 우리에게 주어진 자유의지라는 선물이다. 영어 단어 '프레

젠트_{present}'는 현재라는 의미와 함께 선물이라는 뜻도 함께 가지고 있다. 우리가 현재_{present}를 선물_{present}이라고 부르는 이유는 오늘이 선물처럼 소중하고 반가운 시점이기 때문이다.

성경에 "시작은 미약했으나 끝은 심히 창대하리라"라는 말이 있다. 오늘 하는 선택의 작은 차이가 미래에 엄청나게 큰 차이를 만들 수 있다. 바로 비선형 동역학과 카오스 이론이 우리에게 가르쳐준 진실이다. 미래가 결정되어 있을 수는 있지만 미래의 숱한 갈림길 중 어느 길로 접어들지는 오늘 나의 선택이 결정한다.

처음 조건의 약간의 차이가 미래의 엄청난 차이로 이어지는 비선형의 세상에서 오늘 바로 이 순간 어떤 선택을 하고 어떤 결정을 하는지가 나의 미래를 크게 바꿀 수 있다. 미래는 결정되어 있을까? 나는 그렇지 않다고 믿는다. 미래는 결정되어 있지 않다. 과거로부터 이어진 선택의 연속이 현재의 나를 만들었고, 앞으로 다가올 매 순간의 선택이 나의 미래를 만들어간다. 미래는 내가 만든다. 그리고 오늘 내가 한 선택의 작은 차이가 내가 만날 미래를 크게 바꾼다.

우리의 미래는 정말 결정되어 있을까?
내가 기대하는 미래를 위해
오늘 무엇을 해야 할까?

A
나만의 답을
적어보세요

7강 ✕

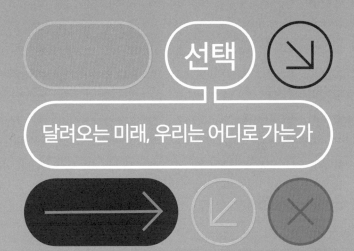

선택

달려오는 미래, 우리는 어디로 가는가

우리가 어떤 미래를
원하는지 토론하고
미래에 대비하는 시점은
바로 지금이어야 한다.

인간이 아닌 또다른 지적 존재를 창조하다

앞으로 걸어갈 길을 알려면 지금까지 걸어온 길 위에 서서 현재의 위치를 아는 것이 중요하다. 미래에 우리가 마주할 세상에서 점점 더 큰 영향을 미치게 될 것을 짐작해보는 것도 마찬가지다. 여러 다양한 주제가 있겠지만 그중 인공지능은 앞으로 점점 더 중요성이 커질 것이 확실하다.

모든 것을 잘하지는 못할지라도 인간은 현실의 다양한 문제를 제법 능숙하게 잘 처리하는 존재다. 운전을 나보다 잘하는 인공지능은 이제 거의 현실로 다가왔고, 나보다 바둑을 잘 두는 인공지능은 이미 신기할 것도 없다.

개와 고양이 사진을 흘낏 보고 둘을 구분하는 인공지능은 이제 거의 웬만한 사람보다 뛰어나고, 미적분 계산을 나보다 더 정확히 하는 컴퓨터 프로그램도 있다. 각각의 영역에서 나보다 뛰어난 인공지능을 얼마든지 찾을 수 있다. 하지만 바둑과 운전과 미적분 계산과 이미지 판별 모두를 나만큼 하는 인공지능은 아직 없다. 현실의 사람은 그리 크지 않은 에너지를 가지고도 현실에서 맞닥뜨리는 수없이 다양한 문제를 나름 잘 처리하고 있다. 인공지능이 현실의 사람 정도로 정보를 처리하고 문제를 해결하기까지는 앞으로도 긴 시간이 남아 있다.

인공지능은 크게 강한 인공지능과 약한 인공지능으로 나눌 수 있다. 다양한 문제를 인간처럼 해결할 수 있는 인공지능을 강한 인공지능이라 하고, 구체적인 과제를 인간처럼 수행하는 인공지능을 약한 인공지능이라 한다. 인간처럼 생각하는 강한 인공지능의 도래는 아직은 요원한 상황이다. 하지만 요즘 약한 인공지능은 과거에 비해 놀라울 정도로 크게 발전했다. 여러 개별적인 문제에 대해서는 이미 인간을 넘어섰다.

인공지능을 학습시키는 방법에도 종류가 몇 있다. 그중 하나가 지도학습supervised learning이다. 지도학습은 말 그대로 사람이 이미 알고 있는 것을 가르치는 학습 방법이다. 내가 속한 통계물리학 분야에서 이미지를 인식하는 지도 학습을 이용한 인공지능 연구가 과거 활발히 진행되기도 했다. 나도 프로그램을 작성해서 구현해보았다. 똑바른 모습을 가진 한글 자모 여럿을 학습시키고는 약간 찌그러진 자모를 보여주면 자기가 이미 배운 자모 중 가장 가까운 자모를 인식해내는 인공지능이다. 홉필드 망Hopfield Network이라 불리는 방법이다. 이 인공지능이 작동하는 모습을 보면 무척 신기하지만 사실 인공지능은 우리가 제대로 된 모습이라고 처음 알려준 한글 자모만을 최종 결과로 출력한다. 만약 내가 '찌그러진 ㅈ'을 학습시켰다면 인공지능은 '제대로 된 ㅈ'을 입력했을 때 자기가 처음 배운 '찌그러진 ㅈ'을 출력한다.

이세돌을 이긴 구글의 알파고는 학습의 앞 단계에서 지도학습을 이용했다. 많은 프로기사가 남긴 바둑의 기보를 가지고 알파고는 바둑을 먼저 배웠다. "잘 봐. 현재 바둑판에 바둑돌이 이렇게 늘어서 있을 때, 프로기사는 다음 수는 여기에 둔다"처럼 과거의 기보를 통해 프로기사와의 지도대국처럼 지도학습으로 바둑을 배웠다. 고양이와 강아지 사진을 구별하는 인공지능도 지도학습으로

'ㅈ'을 지도학습으로 학습시킨 인공지능 프로그램에
처음 찌그러진 'ㅈ'을 입력한 모습. 프로그램이 진행하면
결국 제대로 된 'ㅈ'을 찾아내게 된다.

배운다. "잘 봐. 이 사진은 고양이고, 저 사진은 강아지야"
처럼 강아지와 고양이라는 정답이 붙어 있는 사진을 엄청
난 데이터로 모아 학습시키면 결국 인공지능은 새로운 사
진을 보고도 고양이와 강아지를 구별할 수 있게 된다.

　인공지능의 발전 과정 초기에는 다른 방법을 이용했
다. 사람에게 먼저 고양이와 강아지의 사진을 구별하는
방법을 묻고는 그 규칙을 프로그램에 구현하는 방식이었
다. 밝은 곳에서 눈의 동공이 세로 방향이면 고양이, 아니

면 강아지로 미리 인간이 정한 명확한 규칙을 프로그램으로 구현하는 방법이다. 이러한 과거의 규칙-기반rule-based 인공지능은 이제 널리 쓰이지 않는다. 사진이 찍힌 주변 환경의 맥락에 따라서 얼마든지 규칙에 예외가 있다는 것이 알려졌기 때문이다. 예를 들어, 어두운 곳에서는 고양이의 동공도 강아지처럼 동그란 모습이다. 주변 빛의 밝기, 조명 상태나 고양이가 머문 시간 등 세세한 맥락도 함께 고려해야 우리는 정확한 규칙을 찾을 수 있다.

가능한 모든 맥락을 컴퓨터가 이해할 수 있는 명확한 규칙으로 표현하는 것은 사실 거의 불가능하다. 요즘의 지도학습은 다른 방법을 이용한다. 판단의 규칙을 인공지능에게 직접 알려주지 않는다. 동공이 세로로 길쭉하면 고양이라고 알려주는 것이 아니라, 수많은 고양이 사진을 보여주면서 인공지능이 학습 과정에서 스스로 판단의 기준 자체를 내부적으로 형성하게 하는 방법이다. 이를 특징 추출feature extraction이라 부른다. 과거에는 사람이 일일이 특징을 추출해서 프로그램에 넣어주었다면 요즘의 인공지능은 특징 자체를 스스로 내부에서 인간의 도움없이 추출해낸다.

이 사진은 고양이, 저 사진은 강아지처럼 정답이 함께

주어지는 것이 지도학습이라면 정답이 주어지지 않은 데이터를 학습하는 비지도학습unsupervised learning도 있다. 예를 들어, 아무런 기준을 주지 않고 주어진 데이터를 몇 개의 그룹으로 나누거나 하는 문제에 널리 활용된다.

요즘 널리 이용되고 있는 강화학습reinforcement learning도 인공지능 학습 방법으로 무척 중요하다. 강화학습을 이용한 한 예로 그네 타는 법을 가르치는 인터넷 동영상이 있다. 우리가 처음 그네 타는 법을 배울 때를 떠올려보자. 우리는 규칙 기반 학습을 하지 않는다. 그네 줄이 수직 방향과 이루는 각도가 몇 도일 때 무릎을 굽히고 펴는지를 말로 배우는 사람은 없다. 이런저런 시도를 하면서, 점점 그네의 진폭이 늘어나는 방식을 스스로 알아내 그네 타는 법을 배운다. 자전거를 타는 것도 마찬가지다. 자전거 타는 법을 아무리 글로 읽어도 책만 보고 자전거 타는 법을 배우는 사람은 없다.

강화학습도 마찬가지다. 그네 타는 인공지능은 여러 방법으로 이리저리 관절을 움직여보면서 빠른 시간 안에 그네의 진폭이 더 커지는 방향으로 자세를 교정해간다. 이 인공지능 프로그램을 작성한 과학자가 '그네는 이렇게 타는 거야'라고 가르쳐준 것이 아니라는 점이 무척 중요하다. 어떻게 타는지를 직접 알려주지는 않지만, 그네를 잘 타는 것이 어떤 것인지는 알려준다는 것도 중요하다. 짧은 시간 안에 그네의 진폭을 크게 하는 것이 그네를 잘 타는 것이라는 목표를 제시하면 인공지능은 스스로 내부의 알고리즘을 통해 그네를 점점 잘 타게 되는 방식을 찾아낸다. 이처럼 해결해야 하는 문제의 해답을 알려주는 것이 아니라, 해결해야 하는 문제를 알려주고 그 목표에 도달하는 방법은 인공지능이 스스로 찾도록 하는 것이 강화학습이다.

손가락 위에 우산 같은 막대 모양의 물체를 올려놓고 중심을 잡는 놀이도 마찬가지다. 오랫동안 우산을 들고 있는 요령이 무엇인지 다른 사람에게 자세히 알려줄 수는 없다. 실제로 강화학습으로 막대의 중심을 잡는 인공지능 로봇이 구현되기도 했다. 우리가 인공지능에게 무엇을 하라는 목표만 주면 인공지능은 스스로 강화학습을 통해 놀라운 해결책을 찾아낸다.

구글의 알파고도 두 번째 단계의 학습에서 강화학습을 이용했다. 바둑은 달성해야 하는 목표가 명확한 게임이다. 상대보다 집을 더 많이 지으면 이긴다. 알파고의 강화학습은 내부에서 알파고가 자신과 바둑을 두도록 하는 것이었다. 상대보다 더 많은 집을 남기는 알파고의 내부 상태는 점점 강화되도록 했다. 알파고의 첫 학습 단계가 일종의 지도대국이었다면, 두 번째 단계는 일종의 자기 주도 학습이라 할 수 있다. 알파고는 수많은 바둑을 두어보고는 어떻게 하면 이기는지를 프로그램 내부에서 스스로 찾아낸 것이다.

인공지능의 지적 능력이 인간을 뛰어넘는다면

현재 인공지능 관련 기술은 놀랍도록 빠르게 발전하고 있다. 앞으로 다가올 미래에 인공지능은 우리 일상에 점점 더 큰 영향을 미칠 것이 분명하다. 인공지능 프로그램을 인공지능이 스스로 작성하는 시도도 일부 이루어지고 있다. 인공지능이 인공지능을 스스로 설계하고 제작하는 단계까지 발전할 미래는 어떤 모습일지 지금부터 미리 고민해볼 필요가 있다. 현재 인공지능은 추상화와 일반화를 사람의 개입 없이 스스로 할 수 있는 수준까지 발전했다. 앞에서 예로 든 고양이와 강아지 사진을 구분하는 특징을 스스로 추출하는 인공지능이 한 예다. 고양이와 강아지의 특징을 사람에게 배우는 것이 아니라 수많은 학습 데이터를 활용해 인공지능 알고리즘 내부에서 스스로 추출한다. 인공지능이 추출한 특징이 어떤 의미인지를 알기는 쉽지 않다. 제대로 작동하는 인공지능이 어떤 근거로 최종 판단에 이르는지를 인간이 알기 어려운 상황이 이미 도래했다. 인공지능 프로그램이 피고인의 유무죄를 판단해 인간에게 알려주는 경우, 왜 그런 판단에 이르게 되었는지를 우리가 이해할 수 없다면 아마도 그 판단을 인간이 수용할 수는 없으리라. 설명 가능한 인공지능explainable AI이 요즘 주목받는 이유다.

최근 예술 작품의 특징을 스스로 추출하는 인공지능이 급격히 발전하고 있다. 이런 프로그램은 공개되어 있어서 누구나 2개의 사진 이미지를 이용해 직접 실행해볼 수 있다. 제일 위에는 인물 사진, 가운데에는 에드가르 드가Edgard Degas 의 작품 〈발레 수업The Ballet Class〉이 있다. 위의 인물 사진을 드가의 작품 느낌으로 변형할 수 있을까? 새로운 결과물인 맨 아래 사진을 보자. 인공지능은 위 사진의 얼굴에서 형상에 해당하는 정보를, 드가의 그림에서 '드가 풍'이라 할 만한 질료 혹은 느낌을 추출한 뒤 둘을 조합해 새로운 그림을 만들어낸 것이다. 우리가 말로 표

인물 사진

드가, 「발레 수업」

드가 풍으로 구현한
인물 사진

242

현하기 어려운 '드가 풍' 그림의 공통된 특징을 스스로 찾아내 이미지에 적용하는 인공지능이다.

인공지능이 스스로 데이터 안에서 특징을 추출하는 시도가 최근 과학 연구에도 도입되고 있다. 현실의 물리학자가 하듯이, 주어진 실험 혹은 관찰 데이터에 담긴 정보를 일반화해 이론 모형을 추출하는 인공지능도 활발히 연구·개발 중이다. 물리학자는 먼저 자연에서 데이터를 수집하고 그 데이터를 설명할 수 있는 이론 모형을 만들어낸다. 이렇게 만들어진 이론 모형으로 새로운 결과를 예측하고 그 결과를 실제 현실과 비교하는 과정을 통해 이론을 검증하는 방식이 널리 쓰인다.

지구에서 본 태양과 화성의 위치 데이터를 입력했더니 지구가 아닌 태양이 행성의 궤도 운동의 중심이라는 것을 내부에서 알아낸 인공지능 연구가 2020년 발표되었다. 지구에서 측정한 태양과 화성의 위치 데이터를 학습시킨 이 인공지능은 결국 화성의 미래 위치를 성공적으로 예측하는 단계에 도달했다. 흥미롭게도 논문의 저자들은 학습이 마무리된 이 인공지능 신경망이 정보 처리의 중간 단계에서 '태양에서 본 지구와 화성 사이의 각도'의 정보를 이용한다는 것을 발견했다. 무척 흥미로운 결과다. 프톨레마이오스가 생각한 천동설이 코페르니쿠스의 지동설로 바뀔 때까지 인류에게는 거의 2,000년이라는 시간이 필요했다. 그런데 이 논문에서 이용한 인공지능 신경망은 태양계의 중심이 지구가 아닌 태양이라는 것을 스스로 짧은 시간 안에 알아냈다.

인공지능과 로봇공학이 발전하면서 로봇에 대한 인간의 심리적인 친밀감도 연구되고 있다. 다음의 그래프에서 가로축은 어떤 대상이 사람과 얼마나 비슷한지를, 세로축은 그 대상을 보고 우리가 얼마나 강한 친밀감을 느끼는지를 나타낸다. 전반적으로 사람과 비슷할수록 친밀감이 커진다. 집에서 선인장과 강아지를 키운다고 할 때 선인장보다 강아지에게 더 친밀감을 느낀다. 선인장보다는 강아지가 사람과 더 비슷한 특성이 많기 때문이다. 그런데 비슷함의 정도가 더 커지면 어느 순간 친밀감이 급격히 떨어진다. 사람과 너무 비슷하면서 사람이 아닌 존재에 대해서 사람들은 공포감과 불쾌감을 느낀다. 좀비 영화에서 좀비가 무서운 이유는 사람처럼 보이는데 사람이 아니기 때문이다. 그래프에서 좀비는 아주 깊은 '불쾌한 골짜기Uncanny Valley'에 빠져 있다. 시체에 두려움을 느끼는 것도 마찬가지다. 시체도 모습은 우리와 비슷하지만 그렇다고

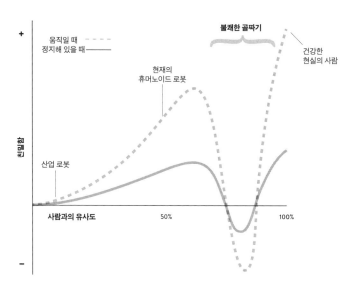

인간이 아닌 존재와 인간의 유사성이 일정 수준에 다다르면
불쾌감을 느낀다는 불쾌한 골짜기 이론

살아 있는 사람은 아니다. 우리가 큰 공포를 느끼는 대상
이 바로 이처럼 사람과 닮았지만 사람이 아닌 것들이다.

영화 〈그녀Her〉에는 스스로 생각하고 느끼는 인공지능
사만다가 등장한다. 실제 사람은 아니지만 사람과 놀라울
정도로 비슷하게 소통하는 인공지능이다. 만약 영화의 사
만다가 단말기를 거친 인터페이스가 아닌 실물로 존재하
는 모습이었다면 영화의 주인공은 사만다와 사랑에 빠지

지 않았을 수도 있다. 직접 현실 공간에서 만날 수 없기 때문에 오히려 친밀감이 높아졌다는 생각도 할 수 있다. 불쾌한 골짜기에 빠지기 직전 정도로 사람과의 거리를 유지하는 것은 비슷함의 정도를 늘리다 골짜기에 빠지는 것보다 더 나은 전략이다. 영화에서는 사람과 너무 가깝게 보이지는 않는 정도로 로봇을 그릴 때가 많다. 이런 면에서 〈알리타: 배틀 엔젤Alita: Battle Angel〉에 등장한 전투 로봇의 모습이 인상적이었다. 정말로 존재하는 인간 여성의 모습으로 보기에는 로봇의 눈이 과도하게 크다. 하지만 눈을 제외하면 모습만으로는 인간이 아니라고 하기 어려울 정도다. 사람의 일부 특징을 과장해서 사람과 일정 정도의 거리를 유지하는 현명한 방식으로 보였다. 불쾌한 골짜기에 빠지지 않으려고 노력한 흔적으로 볼 수 있다.

현재 로봇공학의 수준은 아직 여전히 불쾌한 골짜기를 넘지 못하고 있는 것으로 보인다. 하지만 이 골짜기를 넘어설 수 있는 인공지능과 로봇이 미래에 우리 곁으로 올 것이 분명하다는 것이 내 예상이다. 어쩌면 앞으로 100년 뒤 영화배우라는 직업은 사라질 수도 있다.

앞으로 인공지능이 계속 발전하면 실제 실험하고 관찰한 데이터만 넣어주면 최종적으로 그 데이터에 숨어 있

는 물리학의 자연법칙을 스스로 찾아내는 인공지능이 등
장할 수도 있을 것이다. 그런 세상이 오면 과연 인류에게
과학자가 필요할까? 인공지능 프로그램이 정교한 예측을
산출하는 미래에도 우리 인간이 그 현상의 배후에 있는
자연법칙을 꼭 이해해야 하는 걸까? 아무런 이해 없이 미
래를 예측할 수 있는 인공지능의 시대에도 우리는 과학자
가 필요한 걸까? 그리고 그때에도 우리가 물리학의 아름
다움을 말할 수 있을까?

인공지능과 함께 조화로운 삶을 살아가는 법

인공지능의 발달로 우리는 어떤 미래를 보게 될까? 사람
마다 생각이 다르다. 인공지능이 결국 인류의 멸망을 초
래할 것이라고 경고하는 이들도 많다. 특이점singularity이라
는 개념은 인류 전체 지성의 총합을 뛰어넘는 인공지능이
도래하는 시점을 말한다. 사람의 도움 없이 자신보다 더
나은 인공지능을 인공지능이 스스로 만들어내기 시작하
는 시점을 특이점으로 볼 수 있다는 것이 내 생각이다. 이
시점에 도달한 인공지능의 진화 과정은 지구 위에서 발붙

이고 살아가는 생명의 진화 과정에 소요된 긴 시간의 규모를 따를 이유가 없다. 만일 오늘 밤 늦은 시간, 특이점이 도래한다면 내일 아침 인류가 잠에서 깨어 마주하게 될 세상은 완전히 다른 세상일 수도 있다. 인공지능이 자신보다 더 나은 인공지능을 만들어내는 연구를 장기적으로는 조심해서 바라볼 필요가 있다는 것이 내 의견이다.

특이점 이후 인류의 멸망을 생각하는 사람 중에는 아무리 인공지능이 발달해도 인공지능이 사악하지만 않다면 이런 암울한 미래를 막을 수 있다고 믿는 이가 많다. 페이퍼클립 맥시마이저Paperclip Maximizer는 스웨덴의 철학자 닉 보스트롬Nick Bostrom이 제안한 상상의 기계다. 인간은 이 인공지능 기계에게 아무런 제한 없이 종이 클립을 많이 만들어내라는 과제를 준다. 그럼 어떤 일이 생길까?

페이퍼클립 맥시마이저의 눈에는 지구에 있는 모든 존재는 종이 클립을 만드는 재료로 보인다. 인간이 타고 가는 자동차를 빼앗아 종이 클립으로 바꾸고, 사람의 뼈에 들어 있는 철분을 모아서도 종이 클립을 만들어내려 할 수도 있다. 보스트롬의 페이퍼클립 맥시마이저의 사고 실험에서 가장 중요한 것은 이 존재가 사악하지 않아도 인간에 대한 증오가 전혀 없더라도 인류를 멸망시킬 수 있다는 것이다. 이 존재는 인간이 부과한 명령을 아주 충실하게 수행하는 로봇일 뿐이다. 인공지능은 인류를 멸망시키고자 하는 의지가 없어도 인류를 멸망시킬 수 있다.

한 회사에서 네 발로 걷는 로봇을 개발해서 이 로봇이 얼마나 평형을 잘 유지하는지를 광고한 적이 있다. 로봇은 사람이 발로 차도 잠시 비틀거릴 뿐 금세 다시 중심을 잡았다. '정말 대단하다, 놀랍다'라며 이 회사의 기술적 수준에 감탄하는 사람도 물론 많았다. 하지만 많은 이가 사족보행 로봇을 학대하는 장면으로 느껴 분노하기도 했다. 이런 반응을 보면 우리 인간은 공감의 능력을 로봇에게까지 투사하는 놀라운 특성이 있다는 것을 볼 수 있다.

예전에 로봇 청소기를 하나 산 적이 있다. 그 청소기는 요즘에 비하면 기술 수준이 좀 떨어져서 얕은 문턱도 넘지 못했다. 현재의 위치를 인식하는 알고리즘도 들어 있지 않아서 이 로봇 청소기는 내가 가지 않았으면 하는 장소로도 수시로 움직였다. 로봇 청소기가 넘을 수 없는 문턱 쪽으로 다가설 때마다 안타까웠다. 나도 모르게 로봇 청소기에 말을 거는 나 자신을 발견했다. "그쪽으로 가지 마. 거기 가면 못 넘어가." 사족 보행 로봇이나 내가 집에서 썼던 로봇 청소기에 보이는 감정처럼 사람의 공감 반경은 무척 넓다. 집에서 키우는 반려견이나 반려묘와 같은 생명은 물론이고 생명과 비슷하게 움직이는 무생물인 로봇 청소기를 보면서도 공감하고 소통하려 한다는 것이 흥미롭다. 내 지인 중 한 분은 집에서 쓰고 있는 로봇 청소기에 '우리 막내'라는 이름을 붙였다고 한다. 나는 인간이 가진 공감 반경의 확장은 미래에도 계속 이어질 것으로 믿는다. 사족보행 로봇 광고 동영상을 보면서 기술이 대단하다고 감탄하는 사람보다 제발 로봇을 괴롭히지 말라고 생각하는 사람들이 더 많았던 이유다. 그리고 어쩌면 이러한 공감의 능력이야말로 미래의 로봇이 갖기 어려운 우리 인간만이 가지고 있는 놀라운 특성일 수 있다.

우리는 결국 인공지능과 조화롭게 사는 길을 찾을 것이다. 다만 그 길을 제대로 찾기 위해서는 대비를 지금부터 시작해야 한다. 이런 측면에서 인공지능이 우리에게 가져올 수 있는 비관적인 미래를 미리 상상해보는 시도는 충분한 가치가 있다. 비관적인 미래를 상상해보면서 이런 미래를 맞이하지 않으려면 우리가 어떤 선택을 해야 할까?'에 초점을 두고 대비해야 한다는 것이 내 생각이다.

다가올 미래의 모습으로 많은 과학자가 요즘 가장 큰 걱정을 하는 것이 바로 기후 변화 문제다. 나는 기후 문제 전문가는 전혀 아니다. 하지만 물리학자라는 과학자의 정체성은 있다. 여러 가지 기후 문제에 대한 자료를 찾아본 후 기후 위기의 심각성에 충분한 과학적인 근거가 있다는 결론에 도달했다.

1850년부터 2020년까지 지구의 연평균 기온이 어떻게 변했는지를 표시한 그래프를 인터넷에서 찾아본 적이 있다. 150년 이상 꾸준히 지구의 기온이 상승했다는 것은 누구라도 한눈에 확인할 수 있다. 우리나라 기상청이 보유하고 있는 공개된 데이터로 연평균 기온을 구해서 그래프

©Ed Hawkins

150년간 지구의 기온 변화를 나타낸 그림

보 그려보면 누구나 확인할 수 있는 엄연한 사실이다.

과거 태양 활동성이 줄어들 때 지구 기온이 내려갔다는 측정 결과가 있다. 상당한 기간 관찰된 결과인데 최근에는 이 관계가 변했다. 태양의 활동성에 변화가 거의 없었는데도 지구의 기온이 올라가고 있다. 최근 지구의 기온 상승은 태양 활동성 변화와 관계가 없다는 것이 과학적인 결론이다. 1850년 이후로 지구의 기온은 대기 중 이산화탄소 농도 증가와 함께 꾸준히 상승했다. 이산화탄소가 늘어나면 지구의 기온이 상승한다. 여러 가지 과학적 방법으로 이산화탄소 증가와 기온 상승이 인과관계가 있다는 것이 명확히 밝혀졌다.

과학자들은 지구의 이산화탄소 증가가 우리 인류의 영향 때문인지를 살펴봤다. 최소 40만 년 전부터 지금까지 대기 중 이산화탄소의 농도는 300ppm 이내에 머물렀다. 그러다가 산업혁명이 시작될 즈음인 1850년 이후 이산화탄소의 농도가 급격히 증가했다. 산업혁명의 시작과 이산화탄소의 급증 사이에는 강한 상관관계가 있다는 것을 그래프로 확인할 수 있다. 산업혁명이 시작되며 이산화탄소도 급증한 것은 우연일까 아니면 인과관계가 있는 것일까? 이 질문에도 과학은 명확한 답을 줄 수 있다.

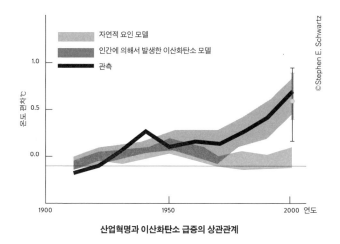

자연적 요인 모델
인간에 의해서 발생한 이산화탄소 모델
관측

산업혁명과 이산화탄소 급증의 상관관계

  과학자들은 기후 변화를 연구하고 설명하는 여러 예
측 모델을 가지고 있다. 또한 여러 모델을 이용해서 예측
한 결과가 서로 일치하는지도 분석한다. 기후 변화를 예
측하는 이론 모델은 먼저 과거의 기후 변화를 모델이 잘
설명할 수 있는지를 검증한다.

  그림에서 약 100년 동안 인간에 의해서 발생한 이산화
탄소를 넣었을 때의 기온 상승 그래프와 인간이 발생시킨
이산화탄소라는 요인을 제외한 순수한 자연적인 요인만
을 넣었을 때의 기온 변화 그래프를 비교할 수 있다. 예측
모형을 이용해 얻은 두 그래프의 차이는, 인간이라는 요

인을 제외하면 최근의 이산화탄소 증가와 기온 상승을 설명할 수 없다는 것을 보여준다. 즉 이산화탄소의 증가와 기온 상승은 인간에 의해 발생했다는 것을 뒷받침하는 과학적인 증거다. 산업혁명으로 대기 중의 이산화탄소 농도가 급증했고, 대기 중에 늘어난 이산화탄소 농도에 의해서 지구 기온이 지금도 끊임없이 상승하고 있다. 기후 변화는 사실이다.

지금까지의 이야기를 요약해보자. 최근의 기후 변화는 태양 활동성의 변화로 설명할 수 없다. 기온 상승과 이산화탄소 농도 증가의 메커니즘도 과학으로 명확히 이해할 수 있다. 산업혁명이 시작한 이후 이산화탄소가 증가한 것도 확인할 수 있었다. 이처럼 기후 예측 이론 모델은 과거의 기온 상승을 잘 설명하고 있으며, 모델 안에서 인간이 만들어내는 이산화탄소 증가를 제외하고서는 지금 현재의 기온 상승을 설명할 수 없다. 인간이 바로 현재 벌어지고 있는 급격한 기온 상승의 명확한 진범이다.

우리는 왜 이산화탄소의 증가와 기온 상승을 걱정해야 할까? 대기의 온도가 올라가면 변화를 더 강하게 만드는 양의 되먹임 효과positive feedback 가 발생해 지구의 기온 상승이 더 악화하기 때문이다. 온도가 올라가면 바닷물의 수온도 올라간다. 그러면 바닷물 속에 녹아 있던 이산화탄소가 대기 중으로 더 많이 배출된다. 더 늘어난 이산화탄소로 지구 대기 온도는 더 올라간다. 이렇게 오른 온도로 해수에서의 이산화탄소 방출량이 더 늘어난다. 명확한 양의 되먹임 효과다.

비슷하지만 다른 양의 되먹임도 있다. 온도가 올라가서 극지방의 영구 동토층이 녹으면 그 아래 오래전에 묻혀 있었던 생물 유기체로부터 다량의 메탄가스가 대기로 방출된다. 메탄도 온실가스 중 하나다. 기온이 오르면 대기 중 메탄의 농도가 높아지고, 이렇게 늘어난 메탄으로 지구 기온은 또 올라간다. 또 북극 지방에 있는 얼음은 흰색이어서 태양에서 오는 에너지를 더 많이 반사한다. 기온이 올라 얼음이 녹으면 지구의 반사율이 낮아져 지구는 태양 에너지를 더 많이 흡수하게 된다. 얼음이 녹으면 유입 에너지가 늘어 기온이 오르고, 이렇게 오른 기온으로 얼음은 더 녹게 된다. 일단 시작한 기온 상승은 이후 연쇄적으로 기온 상승을 일으킨다.

우리나라의 기온은 어떨 때는 하루에 20도까지도 오르내린다. 얼핏 생각하면 100년에 1도 정도의 기온 상승이 그리 심각한 문제로 보이지 않는다. 큰 오해다. 100년에 1도면, 1,000년이면 10도, 그리고 1만 년이면 100도에 해당하는 엄청나게 빠른 기온 상승이다. 최근의 기온 상승 속도가 지금까지처럼 앞으로도 같다는 극단적인 상상을 하면(물론 이렇게 선형으로 기온이 상승하는 것은 아니다), 1만 년 뒤 지구에서 살아갈 수 있는 생명은 없다. 미래의 인류를 지금 우리가 멸절시키고 있는 셈이다.

　지구는 우리에게 주어진 유일한 공간이다. 우리에게 두 번째 지구는 없다. 우리는 지구의 기온 상승과 이로 인한 기후 변화를 어떻게든 막아내야 한다. 우리에게 주어진 이 작은 공간을 소중히 다루지 않는다면 인간은 지구에서 살아갈 자격이 없다. 우리가 과연 어떤 미래를 원하는지에 관해 토론하고 미래에 대비하는 시점은 바로 지금이어야 한다. 세상의 비선형성으로 현재의 선택이 큰 미래의 차이를 만든다고 했다. 지금 당장 우리가 어떤 선택을 하는지에 따라 우리는 미래를 얼마든지 바꿀 수 있다. 나는 미래를 낙관한다. 단 조건이 있다. 우리가 미래에 현명하게 대비하고 선택해야 한다는 것이다. 그것이 유일한 방법이다.

Q
내 인생을
위한
질문

과학은 21세기를 살아가는 우리에게
의미 있는 문제의식을 던진다.
미래를 낙관적으로 만들기 위해
어떤 선택을 해나가야 할까?

A
나만의 답을
적어보세요

Keyword 인생에 지혜를 더할 요약정리 키워드

지구중심설
Geocentric Theory

우주의 중심에 지구가 있고 태양과 별은 지구를 공전한다고 믿었던 우주관이다. 천동설이라고도 불린다. 고대로부터 중세까지 이어졌으나 여러 새로운 천문학적 발견에 의해 오류로 판명되었다.

태양중심설
Heliocentric Theory

우주의 중심에 태양이 있고 모든 천체는 태양을 공전한다고 믿었던 우주관이다. 지동설이라고도 불린다. 고대 그리스에서부터 태양중심설은 꾸준히 제기되어왔지만 16세기 코페르니쿠스를 통해 본격적으로 발전하기 시작했고, 발견을 통해 정설로 자리 잡았다.

F=ma

가속도의 법칙. F는 힘, m은 질량, a는 가속도를 말한다. a=F/m라고 쓰면 질량이 m인 물체에 힘 F가 작용해서 이 물체가 가속도 a를 갖는다고 설명할 수 있다. 이 법칙의 형태를 변형시키면 운동에 관한 다양한 개념을 이끌어낼 수 있다.

작용-반작용의 법칙

a와 b라는 두 물체가 있을 때, a가 b에, b가 a에 서로 크기는 같고 방향은 반대인 힘이 작용하고 있다는 것을 말한다. 예컨대 지구가 사과를 아래로 잡아당기는 힘이 있다면 거꾸로 사과가 지구를 위로 잡아 올리는 힘이 있으며, 두 힘의 크기는 정확히 같다.

결정론
Determinism

세상의 모든 일은 일정한 인과관계의 법칙에 따라 결정된다는 뜻이다. 뉴턴의 고전역학에 따르면, 우리가 어떤 물체의 현재 위치와 속도를 알면 임의의 미래에 그 물체가 어디에서 어떤 속도로 움직일지를 결정할 수 있다. 초기 조건을 알면 미래가 결정된다.

복잡계
Complex System

수많은 요소로 구성된 시스템을 말한다. 구성 요소들 사이의 상호작용에 의해 집단 성질이 나타난다. 수많은 사람이 영향을 주고받으며 살아가는 사회는 대표적인 복잡계다.

카오스
Chaos

불규칙하고 예측 불가능한 현상을 말한다. 초기 조건에 매우 민감하며 비주기적이고 비선형적인 특성을 보인다. 브라질에서 나비 한 마리가 퍼덕퍼덕 날갯짓을 하면 멀리 떨어진 텍사스에서 토네이도가 만들어질 수 있다는 예시가 자주 나비효과에 비유된다. 아주 미세한 처음의 차이가 매우 큰 결과의 차이를 만들 수 있다는 것을 의미한다.

엔트로피
Entropy

통계역학에서 '계의 거시적인 상태에 상응하는 가능한 미시적인 상태의 수'에 대응하는 양이다. 미시적인 상태의 수가 증가할수록 엔트로피가 증가한다. 따라서 엔트로피 증가 법칙은 일어날 확률이 아주 큰 사건은 일어날 수밖에 없다는 것을 의미한다.

인공지능
Artificial Intelligence, AI

컴퓨터가 인간의 지능을 모방해 인간처럼 사고하고 학습하여 스스로 주어진 과제를 수행할 수 있도록 만든 프로그램을 뜻하는 단어다.

1 뉴턴의 운동법칙 $F = ma$에서 가속도는 속도의 미분이어서 $a = \dfrac{dv}{dt}$로 적을 수 있다. 다음에는 $F = m\dfrac{dv}{dt}$의 양변을 시간 t에 대해 적분하면, 식의 왼쪽은 $\int F dt$이고, 오른쪽은 미분한 속도를 다시 적분하는 것이어서 $m\int\dfrac{dv}{dt}dt = m\int dv = \Delta(mv)$가 된다. 만약 충격력이 충돌이 지속되는 과정에서 일정하다면, 식의 좌변은 $\int F dt = Ft$로 적을 수 있다. 여기서 t는 충돌이 지속되는 시간을 뜻한다. 위의 논의를 통해 얻은 식 $Ft = \Delta(mv)$에서 충격량(I) $I = Ft$로 정의하면, $I = Ft = \Delta(mv)$를 얻는다.

2 물체 1이 물체 2에 미치는 힘 F_{12}는 2가 1에 미치는 힘 F_{21}와 같은 크기다. 힘의 방향은 생각하지 말고 힘의 크기만을 생각하면 $F_{12} = F_{21}$이다. 또 힘 F_{21}이 작용해서 질량 m_2인 물체 2가 움직이는 가속도를 a_2, 힘 F_{21}이 작용해서 질량 m_1인 물체1이 움직이는 가속도를 a_1으로 표기하면 $F_{12} = m_2 a_2$, $F_{21} = m_1 a_1$이므로, 결국 $m_1 a_1 = m_2 a_2$를 만족한다. 즉 $\dfrac{a_2}{a_1} = \dfrac{m_1}{m_2}$을 얻는다.

갈릴레오 갈릴레이 저, 장헌영 역, 『갈릴레오가 들려주는 별이야기』, 승산, 2009.

조천호 저, 『파란 하늘 빨간 지구』, 동아시아, 2019.

리처드 드위트 저, 김희주 역, 『당신 지식의 한계 세계관』, 세종, 2020.

R. Iten, et. al., "Discovering Physical Concepts with Neural Networks", Phys. Rev. Lett. 2020.

Keys A, Fidanza F, Karvonen J, Kimura N and Tayolor H 1972 Indices of relative mass and obesity J. Chron. Dis.

이 책에 사용된 저작물 중 일부는 저작권자를 확인할 수 없어 정식 협의 절차를 진행하지 못했습니다.
추후라도 연락 주시면 저작권 협의 후 합당한 조치를 취하겠습니다.

KI신서 9629

내가 누구인지 뉴턴에게 물었다

1판 1쇄 발행 2021년 3월 24일
1판 2쇄 발행 2022년 5월 2일

지은이 김범준
펴낸이 김영곤
펴낸곳 ㈜북이십일 21세기북스

출판사업부문 이사 정지은
인생명강팀장 윤서진 인생명강팀 남영란 강혜지
디자인 withtext 이지선
출판마케팅영업본부장 민안기
마케팅2팀 나은경 정유진 박보미 백다희
출판영업팀 이광호 최명열
제작팀 이영민 권경민

출판등록 2000년 5월 6일 제406-2003-061호
주소 (10881) 경기도 파주시 회동길 201 (문발동)
대표전화 031-955-2100 팩스 031-955-2151 이메일 book21@book21.co.kr

(주)북이십일 경계를 허무는 콘텐츠 리더

21세기북스 채널에서 도서 정보와 다양한 영상자료, 이벤트를 만나세요!
페이스북 facebook.com/jiinpill21   **포스트** post.naver.com/21c_editors
인스타그램 instagram.com/jiinpill21   **홈페이지** www.book21.com
유튜브 youtube.com/book21pub

서울대 가지 않아도 들을 수 있는 명강의! 〈서가명강〉
'서가명강'에서는 〈서가명강〉과 〈인생명강〉을 함께 만날 수 있습니다.
유튜브, 네이버, 팟캐스트에서 '서가명강'을 검색해보세요!

ⓒ 김범준, 2021

ISBN 978-89-509-9472-3 04300
      978-89-509-9470-9 (세트)